RAFAEL CORREA DELGADO: DICTADURA Y CORRUPCION

AUTOR: LENIN MEDINA

¡ ES INCREIBLE QUE SEAN TANTOS LOS PERSEGUIDOS !
CON ELLO SE COMPRUEBA LA TIRANÍA

KLEVER JIMÉNEZ
PERSEGUIDO

FERNANDO BALDA
SECUESTRADO

FAUSTO VALDIVIEZO
ASESINADOO

GRAL JORGE GABELA
ASESINADO

CARLOS VERA
PERSEGUIDO

ALEJANDRA CEVALLOS
SENTENCIADA

BERNARDO ABAD
PERSEGUIDO

CARLOS FIGUEROA
PERSEGUIDO

MARCELO DOTTI
PERSEGUIDO

DIEGO VALLEJO
EXILIADO

FERNANDO VILLAVICENCIO
PERSEGUIDO

PABLO GUERRERO
EXILIADO

GUADALUPE LLORI
PERSEGUIDA

VICTOR HUGO ERAZO
SENTENCIADO

JANETH INOSTROZA
PERSEGUIDA

GALO LARA
ILEGALMENTE PRESO

JOSÉ TENDETZA
ASESINADO

CAP. DIEGO PEÑAHERRERA
PERSEGUIDO

JUAN CARLOS MACHUCA
PERSEGUIDO

DIARIO LA HORA
PERSEGUIDOS

LUCIO GUTIÉRREZ
PERSEGUIDO

CNL. ROLANDO TAPIA
PERSEGUIDO

CNL. CÉSAR CARRIÓN
PERSEGUIDO

JOSÉ LUIS GUERRERO
EXILIADO

DEDICATORIA:

Al Pueblo Ecuatoriano por su lucha heroica contra el tirano corrupto Rafael Correa;

A los Ecuatorianos Residentes en el Exterior que han abandonado sus tareas cotidianas para acompañar a su Pueblo y Patria en esta hora de ignominia;

A mi adorada esposa Lupita con mi cariño de siempre por su gran apoyo porque hemos aprendido que la felicidad es la lucha;

A mis queridas hermanas Nena, Negra y hermanos por su incondicional apoyo,

A mis compañeros de lucha contra el tirano RC desde hace 8 años Dr. Héctor Bernabe, y menos años el Ing. José Ramón Alvarez, Evelyn Margarita Benja-athon, Lcda. Elsa Susana Santos, Daniel Vila, Miguel Malo, Washington Cedeño, Luis Castro, Fanny Guadalupe, Nicolás Chango, Antonio Arizaga, Macario Quinde, Clever Borja, Vicente Mayorga, Ramiro Valdiviezo, Jasmina Abril, Cristóbal Lara. Carlos Vasconcellos, Betty Escobar, y a tantos y tantos que no puedo nombrar por las represalias del gobierno.

PRESENTACION

El presente libro recoge varios artículos escritos por mi analizando el gobierno de Rafael Correa desde la Segunda Vuelta Electoral, en noviembre de 2006, entre Alvaro Noboa y Rafael Correa hasta el día de hoy domingo 12 de Julio de 2015. En aquella ocasión invitaba al pueblo ecuatoriano votar NULO, y dejar de lado votar por el mal menor, el menos malo.

La mayoría de estos escritos se publicaron en la prensa escrita de la ciudad de Nueva York y fueron acompañados de protestas y plantones contra el gobierno de Rafael Correa porque conocíamos sus fines protervos de perpetuarse en el poder y buscar la lealtad corrompiendo con dinero y dejando robar a sus colaboradores para que sean sus incondicionales. Luego de 8 años de mentiras, calumnias, insultos, persecuciones, juicios amañados, prisiones y asesinatos del correismo, el pueblo ecuatoriano despertó y en las calles desde el 19 de Marzo, 2015 y el 1 de Mayo en las multitudinarias manifestaciones plebiscitarias desconoció al tirano como presidente. Ya Rafael Correa no es Presidente del Ecuador, ahora solamente es el tirano corrupto que hay que echarlo, botarlo del poder.

Siempre dijimos que las calles eran nuestras trincheras para luchar contra el tirano corrupto y debemos continuar en las calles. No escuchemos lo que dice Rafael Correa pues este se autoengaña. Continúa con su campaña de mentiras. Debemos radicalizar la lucha e ir al PARO NACIONAL INDEFINIDO. No reparemos en las palabras del tirano corrupto y preparemos todos para el PARO. Es nuestro PARO Y TODOS SOMOS UTILES E IMPORTANTES.

Además siempre destacamos que el liderazgo era colectivo y el protagonista era el pueblo ecuatoriano. El pueblo se autoconvocó a las marchas desde al año anterior y tambien en Marzo 19, Mayo 1 y recien los dirigentes politicos salieron a las calles en el mes de Junio.

Igualmente señalamos que no planteabamos una vuelta a los gobiernos pasados a los cuales combatimos . Que tampoco

7

estabamos con el gobierno tirano y corrupto de Rafael Correa. Que buscamos construir una socciedad que realmente sea para todos los ecuatorianos, vale decir en libertad, en democracia pero con justicia social.

Este libro posiblemente salga a las calles antes del PARO NACIONAL INDEFINIDO CONVOCADO PARA EL

13 DE AGOSTO POR LAS CENTRALES SINDICALES, LACONAIE, LOS MAESTROS, LOS MEDICOS Y OTRAS AGRUPACIONES SOCIALES. Nosotros también saldremos en Nueva York el 13 de Agosto en solidaridad con el pueblo ecuatoriano AL UNISONO FUERA CORREA, FUERA.

Finalmente. No estamos de acuedo con aquellos que plantean solamente adelantar las elecciones para 2016. Pues Correa tendría que dirigirlas y posiblemente sea candidato.

Y lógicamente haría fraude con el CNE en sus manos. El camino es que renuncie. Obligarlo con el Paro. Que sean quienes convocan el PARO NACIONAL INDEFINIDO los que asuman el NUEVO GOBIERNO PROVISIONAL con los Partidos Políticos de oposición y las organizaciones representativas del Ecuador, vale decir UN GOBIERNO DE CONCENTRACION NACIONAL donde estemos represen-tados todos los ecuatorianos.

RAFAEL CORREA DELGADO: DICTADURA Y CORRUPCION

En la próxima elección, vota por Alí Babá.

Al menos estarás Seguro que sólo serán 40 los ladrones.

El Ecuador se encuentra atravesando una situación caótica en todos los niveles por culpa del actual desgobierno del economista Correa Delgado. Las promesas de campaña aún son esperadas por el pueblo. El cambio prometido de un nuevo país para todos los ecuatorianos –después de aproximadamente cinco años- no se lo mira por ningún lado. Al contrario, en lugar de trabajo vemos dádivas "bonos"; por educación nos dan represión "Ley de Educación"; a cambio de libertad tenemos cárceles "juicios con indemnizaciones millonarias". Están matando de hambre y enfermedades a la mayoría del pueblo. Esto es genocidio. La Constitución denominada por Alianza País como la obra "histórica de la revolución ciudadana", con las nefastas transitorias es violada por Correa Delgado a cada instante. Las demás Funciones del Estado Ecuatoriano: Legislativo, Judicial, Electoral y Poder Ciudadano están completamente en manos de Correa Delgado. La Asamblea Nacional no es autónoma e independiente del dictador corrupto en materia legislativa y de fiscalización. Las obras públicas que se realizan son con sobreprecios y contratos de emergencia -a "dedo"- como los del hermano Fabricio. En resumen, Rafael Correa Delgado es un dictador y un corrupto. Dictador porque ha violado la Constitución y está conculcando las libertades y derechos de los ecuatorianos. Y Corrupto porque está saqueando el país y deja que roben su familia y su entorno. Nunca un dictador ha dejado el poder voluntariamente y menos con 25. 000 millones de dólares y petróleo a más de 100 dólares el barril, a su entera disposición. Sus campañas desde que tomó el poder han sido ganadas con fraude. Allí están las falsas encuestas de Santiago Pérez y los más de 400 votos en las Juntas Electorales –mesas- de la Provincia del Guayas. El pueblo tiene que echarlo de la presidencia y mandarlo a la cárcel junto con sus secuaces.

El país necesita el cambio, la revolución social. El actual gobierno llegó al poder ofreciendo ese cambio y no lo ha cumplido. El pueblo debe continuar la lucha por el cambio de las estructuras obsoletas que no permiten el desarrollo económico y la justicia social. Pero un cambio respetando al ser humano y su libertad, y además proporcionándole las oportunidades de trabajo, educación de calidad, salud, viviendas, seguridad, etc. Un cambio dirigido por el pueblo y sin mentores o guías, sin caudillos o líderes. El liderazgo debe ser colectivo, con un programa adelante. Correa no es socialista, peor revolucionario. El teórico del socialismo del siglo XXI, Heinz Dieterich ya lo dijo que en el Ecuador actual no hay socialismo. Lo que se ha creado es un Capitalismo de Estado, donde él, su familia y el llamado entorno se están enriqueciendo con los atracos que cometen. No solamente ha metido mano a la justicia sino a las demás funciones del estado, especialmente a los fondos del erario nacional. Es incapaz, mediocre, mentiroso. Es un vulgar insultador. Fue creado por un grupo de aventureros que supieron venderle al Ecuador esa imagen de renovación, que en el fondo fue falsa.

El dictador Correa Delgado está gobernando con el apoyo de empresarios y banqueros que reciben contratos y subsidios del poder corrupto. Lo del dictador corrupto es doble discurso, retórica revolucionaria. Su llamado entorno vive como "pelucones" disfrutando del dinero mal adquirido. Sus

10

empleados de confianza son los nuevos ricos. El dictador corrupto es el nuevo dueño del país. Para lo cual cuenta con toda la riqueza del Presupuesto Nacional del Ecuador que lo maneja como si fuera su chequera personal. Tiene comprados a los altos oficiales de las tres ramas del ejército y de la policia. No cuenta con el apoyo de las tropas y oficiales medios. Pero tenemos que tener presente que cada día consolidará más el poder y a su vez crecerá también más la represión. Se quiere perpetuar en el mando. Habla de gobernar 30 años.

El pueblo ecuatoriano tiene que organizarse para conducir el verdadero cambio. Las organizaciones sociales deben participar. Lo mismo que los trabajadores del campo y la ciudad. Las mujeres. Los estudiantes. Los indígenas. Los profesores. Los intelectuales, etc. etc. No necesitamos caudillos o líderes creados por la derecha o la izquierda oportunista. Nuestro liderazgo debe ser popular y colectivo. Es importante la organización popular y tener un programa de lucha para derrotar al tirano y para gobernar. Las calles serán nuestras trincheras pacíficas donde nos organizaremos para emprender el camino al poder. El pueblo es quien directamente debe gobernar y no los intermediarios dizque a su nombre. La lucha es larga comencemos ya. Leninmedina10@hotmail.com * Teléfono (347) 500-9354. El Diario, Julio 23, 2011 & Impacto, Julio 23, 2011.

BOLETIN DE PRENSA
PROTESTA EN NUEVA YORK CONTRA RAFAEL CORREA ORGANIZADA POR ODEM

Por: Lenin Medina

Cientos de ecuatorianos nos dimos cita al plantón de SOLIDARIDAD CON EL PUEBLO ECUATORIANO EN SU LUCHA HEROICA CONTRA EL TIRANO CORRUPTO RAFAEL CORREA, convocado por la ORGANIZACION DE ECUATORIANOS EN EL MUNDO, integrada por representantes de la comunidad inmigrante que por decenas de años han venido trabajando con la comunidad ecuatoriana junto a la mayoría de los partidos políticos ecuatorianos y organizaciones comunitarias que vienen respaldando en sus marchas de protesta contra el tirano corrupto Rafael Correa.

Al unísono de FUERA CORREA, FUERA los congregados proclamaron que las las multitudinarias manifestaciones del pueblo ecuatoriano del 19 de Marzo y el 1 de Mayo el pueblo se tomó las calles. El tirano corrupto se fue a derrochar nuestro dinero a Europa junto a 41 vagos aborregados y ordenó a sus secuaces obligen a los empleados públicos a salir a las calles a respaldarlo. Pero el tirano corrupto e inepto que desconoce el valor heroico y la capacidad de lucha del pueblo ecuatoriano no pensó que el pueblo se autoconvocaria y se tomaría las calles. Jamás el tirano imaginó que el pueblo encabezaria una rebelión contra él. Creyó que era suficiente con atemorizar a los caudillos de los partidos politicos, periodistas, dirigentes sociales, etc.

Rafael Correa ya no es el presidente de Ecuador. El pueblo ecuatoriano ya lo desconoció en las marchas multitudinarias y plebiscitarias en que gritara FUERA CORREA, FUERA. Rafael Correa el tirano corrupto para el pueblo ecuatoriano. Tenemos que continuar en las calles hasta que el tirano corrupto huya o se lo encierre. No queremos dialogo ninguno ni elecciones. 8 años ya son suficiente. El país va al despeñadero. FUERA CORREA, FUERA.

Junio 25, 2015

Fuera Correa Fuera. Fuera el Tirano Corrupto. Sigamos en las Calles

Luego de las multitudinarias manifestaciones del pueblo ecuatoriano del 19 de Marzo y el 1 de Mayoel pueblo se tomó las calles. El tirano corrupto se fue a derrochar nuestros dineros a Europa junto a 41 vagos aborregados y ordenó a sus secuaces obliguen a los empleados públicos a salir a las calles a respaldarlo. Pero el tirano corrupto e inepto que desconoce el valor heroico y la capacidad de lucha del pueblo ecuatoriano no pensó que el pueblo se auto convocaría y se tomaría las calles, para enfrentarse y superar a los borregos. Rafael Correa ya no es el Presidente del Ecuador. El pueblo ecuatoriano ya lo desconoció en las concentraciones multitudinarias y plebiscitarias en que gritaba "FUERA CORREA, FUERA". Rafael Correa es ahora el tirano corrupto para el pueblo ecuatoriano. Debemos continuar en las calles hasta que el tirano corrupto huya o se lo encierre. No cedamos. No solamente son las últimas leyes. Es todo: falta de libertad, Concentración de Poderes, Leyes laborales, carestía de la vida, falta de trabajo, viviendas, educación, salud, asalto al IESSS, Seguro de Cesantía a los Maestros. Las persecuciones, los juicios, las

prisiones injustas y las muertes de quienes se le oponen. La deuda externa altísima. Los nuevos millonarios que junto con Correa y su familia se llevaron gran parte de los más de 200.000 millones del Presupuesto General del Estado que lo han manejado como chequera personal y sin fiscalización y con contratos a dedo y sobreprecios. Aquí en Nueva York la flamante ORNANIZACION DE ECUATORIANOS EN EL MUNDO integrada por la mayoría de los Partidos Políticos Ecuatorianos y por sectores no afiliados a Partidos que hemos venido por 8 años luchando contra el energúmeno de RC invitamos a los ecuatorianos de Buena voluntad, demócratas y amantes de la libertad que están en desacuerdo con el tirano corrupto RC a la Concentración de Solidaridad con el Pueblo Ecuatoriano: CONCENTRACION DE SOLIDARIDAD CON LA LUCHA HEROICA DEL PUEBLO ECUATORIANO MIERCOLES 17 DE JUNIO, 2015 5:00 DE LA TARDE PLAZOLETA MANUEL DE DIOS ENANUE ROOSEVELT AVENUE Y CALLE 83, EN QUEENS.
Junio 2015

ORGANIZACION DE ECUATORIANOS EN EL MUNDO

DECLARACION DE PRINCIPIOS

Esta es la Organización de Ecuatorianos en el Mundo (ODEM) creada por un grupo de representantes de la comunidad ecuatoriana, residente el la ciudad de Nueva York y sus áreas vecinas, de diferentes ideologías, que anhela convertirse en una opción de poder encaminada, principalmente, a la recuperación de los principios democráticos, la separación de poderes, el respeto a la libre expresión ciudadana, valores disminuídos en la actual estructura del gobierno nacional.

El naciente proyecto político hará una exhortación a todos los grupos sociales, hacia la búsqueda y culminación de nuestros anhelos, fines y propósitos que se opondrán a la exclusión social, desigualdad y pérdida de derechos ciudadanos, según lo establece la vigente Carta Magna del Ecuador.

La ODEM planteará un rechazo frontal al insulto, a la prepotencia, a la usurpación de poderes, a las acusaciones de ser desestabilizador y terrorista a todo aquel que piense diferente, a los abusos, juicios y sanciones económicas a la prensa independiente, a la protección de la corrupción administrativa y presentará propuestas alternativas al actual sistema político vigente en nuestro país.

No planteamos una vuelta a los gobiernos pasados a los cuales combatimos. Tampoco estamos con el gobierno tirano y corrupto de Rafael Correa. Queremos construir una sociedad que verdaderamente sea para todos los ecuatorianos, vale decir en libertad, en democracia pero con justicia social.

Los integrantes de la Organización de Ecuatorianos en el Mundo, que suscribimos la presente declaración, pensamos que es nuestra responsabilidad integrarnos al convivir nacional y participar en la persecución de los postulados democráticos de nuestra patria, comprometiéndonos a difundir las ideas y expandir nuestra membresía.

Nueva York, Junio 14 de 2015.

FIRMAS...... Y MAS FIRMAS !!

EL ECONOMISTA LLORON
TAMPOCO APRENDIO A CONTAR

Por: Lenin Medina

El dictadorzuelo corrupto Rafael Correa Delgado tampoco aprendió a contar cuando estaba en la escuela.

Así como lloraba cuando estudiaba en Lovaina igualmente hoy llora en el Palacio junto a su círculo rosa que le miente y lo engaña para consolarlo de la paliza que le propinó el pueblo ecuatoriano. De nada le sirvieron los millones que gastó en propaganda para desprestigiar y dividir al verdadero Movimiento Sindical. De nada le sirvieron los sanduches y colas y traer de todas las provincias obligadamente a servidores públicos, de todas maneras el pueblo lo goleó. Decia que nos iba a ganar en las marchas 8 a 1 y fue lo contrario le dimos 8 a 1 al correita, al energumeno soberbio. Pero como no sabe contar y solo escucha a su círculo rosa declara a la prensa que nos ganó 3 a 1. Cuando todos sabemos que la Plaza de San Francisco es por lo menos tres veces más grande que la Plaza de Santo Domingo.

Hoy 1 de Mayo de 2015 el pueblo ecuatoriano escribió una página histórica de lucha, de civismo, libertad, democracia y le dijo al dictador corrupto Ya Basta! y !Fuera Correa!. Pero Correa no quiere oir la voz del pueblo. Y al pueblo ecuatoriano no le quedará otro camino que botarlo.

Rafael Correa está precipitándose y arriesga todo su futuro este viernes 1 de Mayo. Moverá toda la maquinaria del gobierno para obligar a empleados públicos, beneficiarios de los bonos, a gente pagada para reunirlos en Quito en la marcha que sale de la Villa Flora hasta la plaza de Santo Domingo. Quiere demostrar que tiene apoyo popular. Pero el pueblo, la oposición -que no es pagada y sale voluntariamente- se reunirá en 23 ciudades del Ecuador y si fuímos 300,000 personas el 19 de Marzo, ahora pasaremos de los 500.000 ciudadanos. Correa solo se moviliza en Quito. en su afán de levantar su imagen desgastada viaja al Vaticano para aprovecharse del prestigio del Papa Francisco. Pero todo será en vano. Sus días están contados. es un pueblo que despertó, que tomó conciencia y defiende su libertad y el derecho a vivir en democracia.

RAFAEL CORREA ESTA CAVANDO SU PROPIA TUMBA

Resistencia Pacifica. Desobediencia Civil

Por: Lenin Medina

Luego de las marchas multitudinarias del 19 de Marzo contra Correa escribimosun artículo titulado "El comienzo del fin de Correa" en el cual dijimos, entre otras cosas que la caida del tirano corrupto era definitiva y que dependia de como se defendia. Pero no rectificó sino que ahondo la pugna y quiere asustar y meter miedo al pueblo y la clase media. Quiere obligar a que por miedo salga del país la oposición y el pueblo. Pero no lo va a conseguir. Correa quiere dinero. Está desesperado por conseguir dinero para sus permanentes campañas publicitarias. En sus contradicciones y desesperación mete la pata a cada instante y cava su propia tumba.

Ya Rafael Correa no es el presidente de Ecuador. Ahora ya es el dictador corrupto para el pueblo ecuatoriano.

Debemos presionar y pasar a DECLARARNOS EN RESISTENCIA PACFICA Y DESOBEDIENCIA CIVIL. PREPARAR EL PARO NACIONAL INDEFINIDO PARA BOTAR AL TIRANO. La solución está en la Constitución. Nada de golpe de estado. La policia y las fuerzas armadas son pueblo y no nuestros enemigos. Nada de lanzarles piedras. El enemigo es el dictador corrupto y sus secuaces. No le demos dinero al dictador corrupto. Inventemos formas de desprestigiar y destruir al tirano. Su caida depende de cuanto logremos unirnos. Solo el pueblo salva al pueblo. Adelante patriotas ecuatorianos. FUERA CORREA FUERA Mayo 1, 2015

EL COMIENZO DEL FIN
DE RAFAEL CORREA

Las multitudinarias manifestaciones en las 14 ciudades ecuatorianas convocadas por el Frente Unitario de Trabajadores y la CONAIE contra el gobierno del dictador corrupto Rafael Correa nos han demostrado la mentira de que goza del respaldo de la mayoría del pueblo ecuatoriano y de las falencias de que carece el régimen como su cacareada invulnerabilidad. Las encuestas publicadas por el gobierno han sido falsas. Pura propaganda. En Quito marcharon 100.000 ecuatorianos y en todo el país aproximadamente 200.000 ciudadanos. Acá también salimos los ecuatorianos inmigrantes a las calles en Nueva York, Conneticut, Miami y otras ciudades, a solidarizarnos con las marchas y el pueblo ecuatoriano en su lucha justa contra el tirano corrupto y fascista.

Estamos de acuerdo con el pensamiento del dirigente indígena Salvador Quishpe: "El dilema no es entre Izquierda o Derecha, sino entre Autoritarismo versus Democracia". Luego que caiga Correa, cada cual irá por su camino ideológico. Hoy el peligro es Correa porque persigue, calumnia, ofende, insulta, encarcela y mata a sus opositores. Es el nuevo dueño del Ecuador y los dineros del pueblo los maneja como si fueran suyos. Pide austeridad a los demás y tiene dos aviones privados donde lleva centenares de adulones para que lo aplaudan en sus viajes al exterior. Los hemos visto varias veces en Nueva York. Recorre diariamente sus citas en decenas de carros lujosos llenos de guardaespaldas y un chef europeo para que le prepare los más deliciosos manjares de la alta cocina europea con vinos y productos importados y que el pueblo ecuatoriano no come en su dieta diaria. Se cree un Rey, pero no lo es. Eso si vive y come como Rey con los dineros de los impuestos que nos cobra. Dona con los dineros de todos los ecuatorianos un edificio para UNASUR. Ofrece un millón de dólares a la Comisión de Derechos Humanos de la OEA a cambio de que vaya un esbirro suyo a ella, gasta millones en apuntalar su imagen, etcétera, etcétera.

La Bestia está herida pero no muerta, debemos acorralarla para encerrarla o que huya. Debemos tomarnos las calles y presionar, no dormirnos. La caída de Correa es inevitable, pero hay que luchar. Todo depende de esa lucha La correlación de fuerzas nos es favorable, pero el tirano no se va a ir por su voluntad, hay que echarlo por la fuerza y presión del pueblo. Debemos comenzar ahora mismo por plantearnos que la lucha tiene que seguir por restaurar la libertad y la democracia. Unirnos para que se convoque a Consulta Popular para la aprobación o no de la Reelección Indefinida. Volver a la separación e independencia de las funciones del Estado. Reorganizar el CNE para evitar más fraudes de Correa. Exigir la fiscalización de los 8 años de gobierno. En resumen hay que acabar con toda la concentración del poder de Rafael Correa y dejar lo poco que hizo bien. En 8 años de gobierno Rafael Correa despilfarró, malversó y robo 200.000 millones de dólares de Presupuestos del Estado con su círculo rosa y sus familiares, hoy todos ellos millonarios. Está gente tiene que devolver la plata.

Adelante ecuatorianos sigamos en las calles para ampliar la lucha del pueblo contra el tirano corrupto y fascista Rafael Correa. Este gobierno no es socialista sino populista,

23

caudillista y demagogo.   No planteamos una vuelta al pasado. Lo que planteamos es construir un futuro con libertad y democracia, respeto a los derechos humanos y no tiranía y corrupción.   Buscamos un futuro donde haya trabajo, educación, alimentación, vivienda, salud, etc. para todos los ecuatorianos, pero que sea de verdad y no un mero slogan, como es ahora. Rafael Correa ya tuvo su oportunidad y la desperdició. Ocho años de gobierno ya son suficientes.

Lenin Medina es un activista comunitario ecuatoriano que reside en Nueva York. Teléfono (347) 500-9354 E-Mail: leninmedina10@hotmail.com

Marzo 21, 2015

TODOS LOS ECUATORIANOS A LAS CALLES EL 19 DE MARZO DE 2015 A RESTAURAR LA LIBERTAD Y LA DEMOCRACIA.

Ya todo se encuentra preparado para la realización exitosa del PARO GENERAL de los trabajadores, estudiantes, profesionales de la salud y sectores sociales que se oponen a la falta de libertad y democracia en el Ecuador y además a las conservadoras reformas laborales aprobadas por el gobierno del dictador corrupto Rafael Correa que buscan desregularizar las leyes laborales y conculcar los derechos adquiridos de los trabajadores y a las Enmiendas Constitucionales que buscan perpetuar en el poder a Rafael Correa.

Asimismo, aquí en Nueva York iremos a la plazoleta Juan de Dios Unanue, ubicada en la Roosevelt Ave. y calle 83 en Queens, el día jueves 19 de Marzo de 2015, desde las 3:00 de la tarde hasta las 6:00 PM. a respaldar y solidarizarnos con el Paro de Ecuador. Tendremos pancartas, música, el permiso de la Policía y lo necesario para una tarde de protesta pacífica.

El gobierno dictatorial y corrupto de Rafael Correa rompe a cada instante la Constitución Política que él juró cumplir y respetar; no existe libertad de pensamiento pues se nos impone el pensamiento único del gobernante; no hay libertad de prensa sino la ley mordaza; no hay libertad de reunión, de manifestar pacíficamente, lo que hay es la penalización de la protesta y la cárcel; se encarcela y persigue a quienes piensan distinto a los gobernantes; y lo peor ahora se los asesina como el caso del líder shuara contra la megaminería José Tendetza. Igualmente existen miles de miles de desaparecidos.

Actualmente Rafael Correa se prepara para "meter las manos" en la Constitución a través de los levanta manos de la Asamblea. Ya controla todos los poderes o funciones del estado: Legislativo, Judicial, Electoral y Ciudadano. Y así irá captando y controlando todo el país. En el Ecuador no manda el pueblo sino Correa y su círculo de corruptos. No existe la libertad y la democracia en el Ecuador. La confrontación y la intolerancia es el arma preferida del tirano. Lo mismo que el autoritarismo y la arrogancia y no la sensatez, el diálogo, la sabiduría, el pluralismo, el humanismo, la verdad y la justicia.

Aquí en Nueva York los cónsules son jueces y parte del proceso electoral consumando el FRAUDE lo cual es una corrupción e inmoralidad y además tienen una gavilla de asalariados a su disposición para reprimir a los disidentes.

El pueblo ecuatoriano no estaba muerto frente a los abusos del dictador corrupto Rafael Correa. Solo estaba dormido, dándole la oportunidad de rectificar. Pero ya comienza a despertar. Saludamos con beneplácito y jubilo la reunión de Cuenca por la UNIDAD y DEMOCRACIA del Prefecto de Azuay, Paul Carrasco, el Alcalde de Quito Mauricio Podas y el Alcalde de Guayaquil Jaime Nebot. Pues como bien dice un dirigente indígena el dilema no es entre izquierda y derecha sino entre Autoritarismo versus Democracia. Al dictador que tanto le gusta cantar el pueblo ecuatoriano le va a cantar a coro el Jueves 19 de Marzo de 2015: QUE SE VAYA, QUE SE VAYA.

26

COMITÉ POR LA LIBERTAD, DEMOCRACIA Y CONTRA EL DICTADOR CORRUPTO Y FASCISTA RAFAEL CORREA

Fundado en Agosto de 2007

DETENGAMOS AL DICTADOR EN SUS INTENTOS DE REELEGIRSE INDEFINIDAMENTE

Por Lenin Medina

Hoy 19 de Noviembre de 2014, en el Ecuador se están realizando Marchas Multitudinarias en 9 ciudades contra Rafael Correa Delgado, organizadas por los trabajadores, estudiantes y organizaciones sociales que se oponen a las conservadoras Reformas Laborales que buscan desregularizar las leyes laborales y conculcar las conquistas adquiridas de los trabajadores y las enmiendas Constitucionales que buscan perpetuar en el poder a Rafael Correa. Nosotros continuamos luchando contra su gobierno dictatorial y corrupto con firmeza y decisión. Hoy Rafael Correa cumple 7 años 10 meses en el gobierno y va camino de más. Pues él habla de perpetuarse en el poder por 30 años. En las elecciones celebradas en Febrero de 2013 Rafael Correa obligó al Consejo Nacional Electoral hiciera algunas reformas al Código de la democracia "Ley de Elecciones" que le favorecieran a su postulación para ganar en primera vuelta y tener mayoría en la Asamblea Nacional y así sucedió, se postergaron las elecciones para aprobar esas reformas que creó la duda e imparcialidad de ese proceso electoral. Se convocó las elecciones para el 17 de Febrero de 2013, pero ya todo el pueblo ecuatoriano sabía quien iba a ganar pues la cancha estaba marcada para favorecerlo. Rafael Correa Delgado se hizo reelegir con fraude y gastando por centenas de millones de dólares en propaganda de los dineros del pueblo ecuatoriano y con un organismo como el Consejo Nacional Electoral, CNE en sus manos haciendo lo que el dictador le dicta. Tampoco es verdad que barrió como él dice y muchos repiten ingenuamente. Rafael Correa cambió las leyes de la primera vuelta y sacó que no se contaran los votos nulos y blancos como válidos.

Según el CNE hay en el Ecuador 11'675.441 empadronados y actos para votar de estos 2'207.825 no votaron es el ausentismo 18.95%. Nulos y bancos fueron un 12% de los 11 millones. Ambos suman 30.95%, es decir solo se contabilizó el 69.25% como votos válidos. De este 69.25% el dictador Rafael Correa sacó el 57%. En realidad del total de 11'675.441 empadronados solamente votaron por el tirano corrupto el 39.13%. ¿ Dónde está la barrida, el triunfo apoteósico? . Con los métodos electorales anteriores hubiera habido segunda vuelta y no habría sacado los 100 asambleístas, pues gana 100 asambleístas con apenas el 52% de los votos válidos. Rafael Correa Delgado ganó con fraude, gastando cientos de millones de dólares del dinero del pueblo ecuatoriano, con mañoserías y cambiando las leyes a su favor.

Actualmente Rafael Correa se está preparando "para meter las manos" a la Constitución a través de los levanta manos. Ya controla todos los poderes del estado: Legislativo, Judicial Electoral y Ciudadano. Y así irá captando y controlando todo país. En el Ecuador no manda el pueblo sino Rafael Correa y su círculo de corruptos. Los pocos ntelectuales de izquierda que lo acompañan son stalinistas y están a sueldo cumpliendo las órdenes del dictador corrupto.

Aquí en el exterior los cónsules son juez y parte del proceso electoral, lo cual es una corrupción y además tienen una gavilla de asalariados a su disposición. Tenemos que luchar por que las elecciones en el exterior se organicen fuera de los consulados y por gente independiente.

Sabemos que es difícil derrotar, sacar del poder a Rafael Correa, pero no imposible. Correa tiene el apoyo del 40% de los empadronados y allí están los 500.000 burócratas que trabajan en el gobierno haciendo campaña política a su favor, pues antes de la llegada al poder de Rafael Correa había 100.000 empleados públicos que muchísimos fueron despedidos. Se calcula que más de un millón de personas reciben los 50 dólares del Bono de la Pobreza. ¿Qué familia hoy en el Ecuador puede vivir dignamente con 50 dólares al mes?. Actualmente se gastan en subsidios 9.000 millones de dólares del Presupuesto Nacional de 36.000 y más millones de dólares.

Tenemos que estudiar la historia de América Latina que está plagada de toda la ralea de dictadores que hemos tenido. Ellos también al principio tuvieron el apoyo de la mayoría de sus pueblos. Pero luego lo perdieron y veamos como terminaron. Muchos duraron varias décadas. Por eso debemos luchar por la libertad, democracia y acabar con la dictadura de Rafael Correa.

Los timoratos, los miedosos, los volubles, los sin formación política se han alejado de nuestro lado argumentando un sin números de excusas. Nosotros seguimos al frente y sin miedo. Rafael Correa quiere que el pueblo le tenga miedo. Pero es un cobarde. Lo demostró en Nueva Jersey que salió corriendo cuando lo perseguimos en el carro oscuro que iba. Invitamos a los ecuatorianos amantes de la libertad, de la democracia y que jamás de doblegan ante los dictadores y esbirros. Invitamos a esos ecuatorianos que aman la Patria y siempre se han identificado con los próceres que nos dieron la libertad y la grandeza de nuestro pueblo. Invitamos a esos ecuatorianos que repudian las dictaduras, el autoritarismo, el insulto, la vulgaridad, etc.

En esta lucha no estamos solos, cada vez crecemos más. Ya han aparecido estudios de ecuatorianos analizando la dictadura de Rafael Correa. Te invitamos a que los leas. Igualmente nos ratificamos en nuestras anteriores declaraciones.

Un sector de ecuatorianos residentes en los Estados Unidos hemos decidido ratificarnos para continuar luchando con el Comité por la Libertad, Democracia y Contra el Fraude que prepara el gobierno dictatorial, corrupto y fascista de Rafael Correa en el Ecuador con el CNE y a través de los consulados donde votaremos en el exterior.

Este Comité ya se enfrentó a Rafael Correa en septiembre 15, 16 y 17 de 2007 en que realizó su primera gira a los Estados Unidos y a las Naciones Unidas en calidad de Presidente del Ecuador. En Miami, Correa Delgado en una Conferencia de Prensa realizada el sábado 15 de septiembre en el Consulado Ecuatoriano y en Nueva York en un mitin el domingo 16 atacó con nombres y apellidos a los doctores Lenin Medina y Héctor Bernabé por encabezar protestas -junto a otros ecuatorianos que no damos sus nombres para protegerlos de la represión- frente a las Naciones Unidas y en las afueras de la Iglesia Santa Brigida, en Brooklyn, donde fueron reprimidos por las Brigadas Venezolanas Chavistas y las huestes garroteras de los correistas. Correa los acusó "de pertenecer a la partidocracia, lo cual es falso y que tengan cuidado con ellos y además los declaró enemigos de la Revolución Ciudadana y los tachó de malos ecuatorianos". Pues ambos no son afiliados a ningún Partido Político. Solo los motiva defender la libertad y democracia en el Ecuador, que halla trabajo y una vida decente y digna para todos los ecuatorianos. El doctor Héctor Bernabé es un prestigioso odontólogo que ejerce exitosamente su profesión con dos consultorios de su propiedad, uno en Queens y el otro en el Bronx gozando de una excelente y numerosa clientela. Y el doctor Lenin Medina es un profesor y conferencista que ejerce independiente el periodismo. Desde aquella ocasión se nos fotografió para los archivos del FBI y de la Policía de Seguridad del tirano. Y además se comenzó una campaña de difamación, calumnias, represión, amenazas de que si continuábamos combatiendo al gobierno de Rafael Correa nos encarcelarían y hasta nos podrían matar a nosotros o nuestros familiares. Ya de estas amenazas tienen conocimiento las Autoridades Policiales de la Ciudad de Nueva York y otras Organizaciones Internacionales de Defensa de los Derechos Humanos. Estas amenazas no surtieron efecto. Cada vez se unen más y más ecuatorianos a nuestro Comité que no es un partido o Movimiento Político. Somos solamente ecuatorianos de buena voluntad convencidos de que nuestro país Ecuador necesita libertad, democracia y justicia social para vivir en paz y progresar y no dictaduras ni corrupción. No recibimos ayuda económica de nadie y no la queremos. Actuamos con métodos pobres y sencillos. Nos autofinanciamos con el aporte voluntario de algunos miembros ya sea en trabajos, llamadas telefónicas, enviar correos electrónicos o dinero. No queremos mecenas, ni lo necesitamos. No tenemos jefes, ni líderes o caudillos. Solamente operamos con comisiones con responsabilidades y actuamos y resolvemos nuestros trabajos de denuncias contra Correa por consenso. Por lo contrario no nos callaron ni nos callaran. No hemos cesado en el empeño de denunciar al mundo los atropellos, abusos y violaciones de la dictadura correista. Lo hemos hecho durante todo su mandato junto a cientos de ecuatorianos que no le tenemos miedo. Nos opusimos y enfrentamos valientemente en su último periplo de septiembre 23 y 24 de 2011 y 2014. Participamos activamente junto a otros ecuatorianos de Miami, Nueva Jersey y Nueva York en las protestar de repudio a la presencia del dictador corrupto en el Teatro Ritz de Elizabeht y el Queens College, en Queens y en las Naciones Unidas. Igualmente fuimos parte de los grupos que pedimos al alcalde de Unión City, Brain Stack, que declarará persona Non Grata a Rafael Correa en Unión City y le negara el Auditorio del Colegio Unión City a la señora Cónsul de Nueva Jersey para rendirle un Homenaje de la Comunidad para que cante y baile a dúo el endiosado

31

tirano con su carnal Ricardo Patiño, si aquel de los "Pativideos" y de la muertes extrañas de Quinto Pazmiño y su esposa. Por esas gestiones el déspota de Carondelet nos volvió a insultar —en la conferencia que dictó en la Universidad de Columbia- llamándonos "malos ecuatorianos", "gusanitos" copiando como llaman a los cubanos exiliados en Miami. Que falto de originalidad.

El Ecuador necesita cambios para crear fuentes de trabajo mejor remuneradas, desarrollar el mercado interno para formar una sociedad de pequeños propietarios, acabar con la pobreza – en estos días la CEPAL declaró que la pobreza en el Ecuador es del 39%-, más y mejor educación de calidad y que sea gratuita, atención a la salud, viviendas baratas a largo plazo y con intereses no onerosos, respeto a los derechos humanos fundamentales como la libertad de expresión, pensamiento, de reunión y manifestar públicamente sus opiniones contra los gobiernos o autoridades. Necesitamos volver nuevamente a la separación e independencia de los poderes o funciones del estado, que hoy se encuentran concentradas en manos del dictador, etc. que los anteriores gobiernos ofrecieron -lo mismo que el actual- y no lo han cumplido. Tenemos que regirnos por la Constitución aprobada en el 2008 por el pueblo ecuatoriano y que Correa la viola a cada instante. Tal el caso de la Consulta Popular última. Aunque juró respetarla manifestando que duraría 300 años.

Creemos que 7 años y 10 meses de gestión del tirano son suficientes para haber realizado el cambio prometido, por lo contrario, vemos el doble discurso, las promesas incumplidas. No gobierna y solamente se mantiene en permanente campaña electoral dilapidando los fondos públicos en publicidad de su "izquierda torcida" y dictatorial. Olvidando que el socialismo verdadero es humanista y respetuoso del ser humano, que busca la libertad y la realización de una nueva sociedad fraterna sin estado, clases, fronteras, justa y sin represión, basada en el amor y la solidaridad, etc.

Su permanente confrontación demuestra su espíritu aventurero, inestable, irritable, intolerante, como poco adecuado para un estadista o gobernante del pueblo ecuatoriano. Su apetito voraz por el poder, su egolatría y su deseo de concentrar todo el poder en sus manos es propio de los regímenes fascistas como el de Benito Mussoulini y Gustavo Adolfo Hitler.

El déspota Rafael Correa prefiere regalar "bonos" dádivas para mantener la dependencia de esas personas, que crear trabajos que le daría independencia y libertad a los ecuatorianos. Su gobierno que gozaba de los altos precios del petróleo en el mercado internacional, en lugar de invertirlo en el desarrollo del país con un Plan de Gobierno coherente. Lo derrocha y despilfarra en gastos demagógicos y populistas. Ha creado una burocracia dorada con decenas de miles de nuevos e innecesarios trabajos para que le sean adictos y además está despidiendo masivamente a quienes no se le someten a sus dictados, tales los casos de los médicos y empleados de la salud y los profesores y estudiantes. Tiene un abultado Presupuesto Nacional para el 2015 de 36.000 millones de dólares basado en los ingresos petroleros, las altas recaudaciones de impuestos a las que quiere aumentar con más impuestos y los préstamos al exterior, especialmente a sus amigos chinos que son más onerosos que los del explotador Banco Mundial. Como el desarrollo e inversión en el país es casi solamente por medio del Estado que tiene dinero para realizar obras públicas a sobreprecios y por decretos de emergencia, lo cual permite la corrupción. Según algunas organizaciones internacionales el Ecuador de hoy ocupa el 120 lugar de corrupción de 182 países con una calificación de 2.7 sobre 10.. La dictadura fomenta esa frase aberrante "que roben pero que hagan obras". En el Ecuador de hoy se ha criminalizado las protestas aunque sean pacíficas acusando a quienes participan como "terroristas de estado" y condenándolos a varios años de prisión y multas excesivas. Ya existen 203 indígenas con juicios y acusados de terroristas de estado y sabotaje. Quiere usar la justicia para enriquecerse y para mantenerse en el poder de por vida. Los juicios a los periodistas es una forma de acallar a quienes denuncian sus atropellos y saqueos. Estos periodistas que tuvieron la valentía de denunciar los negociados y contratos de los hermanos Correa Delgado es casi seguro que irán presos y tendrán que pagar los 10 millones de dólares que no los tienen, lo cual obligará a su total ruina. Lo mismo sucederá con Emilio Palacio que tuvo que salir perseguido por el perverso chacal que amenazaba acabar con su vida en una mazmorra. Igualmente sucede con los juicios al Diario El Universo. Estamos de acuerdo que algunas veces cometen abusos los dueños de la prensa grande. Por eso tiene que regulársela pero sin conculcar la libertad de expresión. Pero de allí a permitir virar la tortilla y que pase a manos del tirano, jamás. Ya es tiempo que el gobierno proceda a entregar esos 19 medios de comunicación incautados a las universidades, a las comunidades o las Asociaciones de Periodistas, pero sin el control del gobierno. En estos casos de los periodistas el tirano tuvo que ceder ante la opinión y presión mundial. Pero los periodistas no aceptaron el perdón de Correa y continúan sus juicios para demostrar su inocencia.

La Organización Amnistía Internacional ante la situación judicial y los últimos juicios que se siguen a varias personas, como en el caso de -Mónica Chují valerosa mujer que no se doblega ni se deja humillar por la tiranía- en el país declaró: "Es de gran preocupación que el gobierno ecuatoriano haga uso indebido del sistema judicial para acallar criticas legitimas. Estas sentencias condenatorias constituyen un ataque directo a la libertad de expresión y opinión en Ecuador".

Correa es el nuevo dueño del país. El estado soy yo dijo Correa. Creíamos que hablaba por desconocimiento. No es así. Se lo cree. Así lo dijo y lo sigue diciendo este déspota del Siglo XXI. Será que se cree Luis XIV. Aunque en sus desvaríos se imagina que es el libertador del pueblo ecuatoriano. Cuentan sus íntimos que a veces se cree un Bolívar y otras un Eloy Alfaro. Rafael Correa es huérfano de fama y de una larga y dura vida política. Apareció de la noche a la mañana. Era un ilustre desconocido y deslucido asesor con sueldo dorado de Alfredo Palacio, cuando era vicepresidente. Qué luego ya de presidente lo nombra Ministro de Economía. Más tarde ya de candidato a presidente del Ecuador no tenía dinero para la campaña. Buscó contactos con el narcotráfico y la FARC. Entre Junio y Octubre de 2006 le donaron millones de dólares con los que pasó a la segunda vuelta. Es un improvisado político creado superficialmente por un grupo de sus ex compañeros y partidarios que no tenían a quien poner de candidato y bingo, les resultó. Ganaron la Presidencia. Correa se endioso y exterminó a sus seguidores que lo cuestionan. No tiene a su haber la extensa historia de lucha política de un Fidel o Raúl Castro contra el dictador Fulgencio Batista desde estudiante en 1948 y luego hasta 1959 en Sierra Maestra; de Hugo Chávez en el intento de golpe de estado a Carlos Pérez y su prisión. No tiene la larga trayectoria de lucha campesina de Evo Morales y la lucha a muerte contra la dictadura de los Somozas por parte de Daniel Ortega. Correa no se equipara a ellos. Vive en la orfandad y desamparo político. Por eso se inventó lo del 30 de septiembre de 2010. Por eso hizo el sainete de enfrentarse a los policías y abrirse la camisa y decirles mátenme, más cuando vió la cosa seria salió corriendo y buscó refugio en el Hospital de la Policía. Luego fraguó la historia del magnicidio y ordenó el rescate. Para crear una historia heroica de esa farsa ordenó invadir el hospital para que lo rescaten y lo que sucedió ya todos sabemos murieron varios policías y soldados, para avalar la "gesta heroica del magnicidio del tirano". Por eso persigue a Emilio Palacio que puso al descubierto la falsedad del relato en su artículo "No a las Mentiras". Ya en otra ocasión imitando al che Guevara dijo que quería morir en Honduras. Ridículo. Payaso. No tiene la estatura moral, ni el valor y la preparación de aquellos. Se siente inferior cuando está junto a ellos. Por eso Chávez le decia mi muchacho. Correa se envalentona cuando anda en grupo. Pero solo es un cobarde. Lo comprobamos en Nueva Jersey la noche del 23 de septiembre de 2011 en la reunión del Teatro Ritz en que huyó despavorido ante nuestras airadas protestas frente a su cara. Pues lo tuvimos a pocos metros por la imprudencia de su chofer que no se percató de nuestra presencia. El gobierno de Correa nada ha hecho por los emigrantes al igual que los anteriores gobiernos. Todo lo que hemos conquistado los migrantes ha sido por nuestra lucha. Hemos tenido que arrancar y luchar fuerte por décadas por conseguir La Doble Nacionalidad, El Voto en el Exterior y Las Regularizaciones de los Trabajadores Indocumentados, por ejemplo. El actual SENAMI y la mal llamada Casa Ecuatoriana no hacen nada por nosotros los residentes ecuatorianos en el exterior. Es un ente de corrupción que profusa profundamente pus por todo lado. Es el brazo político de Alianza País al igual que los consulados del área Tri Estatal. El excesivo personal con que cuentan no es para atender a los usuarios sino para conquistar votos como lo demuestran que se dediquen a realizar fiestas, festivales y eventos sociales y deportivos para captar y difundir masivamente los "logros" de la dictadura. No van a las cárceles donde se encuentran hacinados los trabajadores ecuatorianos indocumentados. Nada han realizado por conseguir la regularización de los trabajadores indocumentados. Tampoco orientan en la búsqueda de empleo, educación, salud de los migrantes ecuatorianos que vivimos a nuestra suerte y abandono. Rafael Correa declaró pomposamente en Enero de 2007 que crearía el Banco del Emigrante para abaratar costo en los envíos de las remesas y canalizarlos a favor de los familiares de los migrantes en el Ecuador. Y aún estamos esperando cumpla su ofrecimiento. Ya se descubrió la farsa del Plan retorno por sus constantes fracasos y reformas. Es un organismo que trafica contenedores con los funcionarios gobiernistas del Ecuador, haciendo declaraciones falsas y "legalizando el contrabando ". Estos organismos –consulados y SENAMI- en manos del dictador forman parte de los Cuerpos Represivos que amenazan, encarcelan, torturan y hasta matan a los opositores al caudillo. Además la corrupción campea en ellos. Las Organizaciones Comunitarias de Migrantes Ecuatorianos de Estados Unidos Independientes y Serias vienen exigiendo por años rindan cuentas y se las fiscalice por las millonarias sumas de dólares que reciben y nadie sabe en que se invierten. Ellas han denunciado que estos funcionarios ganan más de 15.000 dólares al mes entre sueldos, viáticos y gastos de representación. ¡Vaya que el tirano es generoso con sus secuaces y con el dinero de los ecuatorianos, que muchas ocasiones no tenemos para comer y cubrir nuestras necesidades básicas! Hace pocos días se destapó la olla podrida del SENAMI y tuvo que renunciar su director Danilo Roggiero, pero sigue podrida con los empleados que se quedan. Eso huele mal a corrupción, nepotismo, prostitución femenina y masculina e incapacidad. Nuestras denuncias contribuyeron a destapar la podredumbre.

La cancillería Ecuatoriana ha dejado de ser el Cuerpo Diplomático que mantenía relaciones cordiales y de negocios con los demás países del mundo, para hoy convertirse en el exportador del terrorismo mundial junto a Irán, Venezuela, Cuba, Bolivia y Nicaragua. La presencia del tenebroso y perverso Ricardo Patiño dirigiendo ese ministerio es para exportar los proyectos políticos de ese nefasto eje. Ahora ha puesto frente al Servicio de Inteligencia (represión y muerte) a su hermano el ex socialista Raúl Patiño, creador de los Comités de defensa de la Revolución Ciudadana, CDR. El Partido de Dios Iraní – Hezbola- se encuentra en el Ecuador formando los cuadros de la Revolución Ciudadana de Correa y de los hermanos Patiño para la represión, tortura, muerte y la exportación de su falsa "revolución" junto con el narcotráfico y sicariato por toda América Latina y Estados Unidos. En estos días abruptamente sacaron a Raúl Patiño de las Oficinas de Seguridad Interna sin dar explicaciones. Hace pocos días ya comenzaron al aplicar la tortura y golpes con los estudiantes del Colegio Mejía de Quito.

Las declaraciones extremistas del gobierno y su falta de una política internacional adecuada ésta comenzando a generar un aislamiento del país, que puede traernos graves consecuencias. La represión y falta de libertades está generando una nueva ola migratoria, pero ésta vez de pequeños empresarios, profesionales y clase media que no desea vivir en zozobra, en dictadura. El pueblo ecuatoriano necesita cambios y todavía un 42% sigue pensando que el déspota lo puede originar. Pero tendrán que esperar en vano porque lo que busca Correa es tiempo para perpetuarse en el poder y exportar su terrorismo acompañado del narcotráfico y sicariato.

Nunca en la historia ecuatoriana una dictadura con dinero por los altos precios del petróleo ha entregado el poder voluntariamente. Tenemos que botarlo a Correa ganándole las elecciones en el 2017. Y esto es posible si nos unimos. Ya el pueblo ecuatoriano lo ha hecho en otras ocasiones, como el 28 de Mayo de 1944. En 1966 contra la Dictadura Militar. La historia ecuatoriana está llena de acontecimientos en que el pueblo ecuatoriano con su lucha, valor y unidad ha derrocado a los dictadores y tiranos corruptos del mismo pelaje de Rafael Correa. Aunque la dictadura de Correa no solamente hay que enfrentarla en el plano político porque también es económica, social, laboral, publicitaria, vale decir hay que enfrentarla en muchos campos, porque es interdisciplinaria. Tiene características diferentes a las anteriores dictaduras.

Frente al panorama electoral de nuestro país consideramos que Rafael Correa puede perder las próximas elecciones si la oposición logra unirse y no continua sin proyectos y fragmentada. En aras de buscar la unidad proponemos un proyecto para la discusión, lógicamente sin descartar otros. Es necesario comenzar a pensar y organizarnos para las elecciones del 2017. Planteamos la posibilidad de un candidato presidencial provisional que dure en el poder seis meses y que después convoque a elecciones libres. Durante esos seis meses la nueva Asamblea Nacional –integrada por todos los partidos y movimientos políticos que vayan en una sola lista- reformará la Constitución de Montecristi y además se nombrarán comisiones para investigar el gobierno del dictador corrupto, de su "circulo rosa" y sus esbirros. Para los seis meses ya habrán fugado o estarán en la cárcel y no podrán participar en las elecciones. Luego se convocarán elecciones presidenciales por la renuncia del presidente interino. De todos es conocido que Correa gana con fraude. Y estas elecciones no serán una excepción. Tiene un presupuesto de 400 millones de dólares para publicidad. Acá en Nueva York pronto imprimirán el periódico El Ciudadano apoyado por el Semanario Ecuador News. Por tanto debemos ejercer un estricto control electoral en el país y en el exterior. Debemos prepararnos desde ya para ganar las elecciones del 2017 y evitar el fraude que prepara con el nuevo CNE y los consulados. Actualmente Correa se encuentra en apuros con la baja de los precios del petróleo para financiar el presupuesto. Está pagando deuda con más deuda. Quiere subir los precios de gas y el transporte para financiar su abultado presupuesto. Le sugerimos confisque el dinero robado por su familia y el circulo rosa.

COMITÉ POR LA LIBERTAD, DEMOCRACIA Y CONTRA EL FRAUDE DEL DICTADOR CORRUPTO Y FASCISTA RAFAEL CORREA.

Lenin Medina, siguen más firmas… que no se publican para que la dictadura no los identifique y reprima…

Para mayores informes comunicarse al teléfono (347) 500-9354 o al correo electrónico: leninmedina10@hotmail.com

Nota.- Ayúdenos difundiendo, reenviando, sacando copias a este documento. Hagamos una cadena invencible de profusa difusión del mismo. Gracias, mil gracias. La Patria Ecuatoriana te lo reconocerá.

Noviembre 19 de 2014

Nueva York, Noviembre 19 de 2014.

INMIGRANTES ECUATORIANOS RESIDENTES EN ESTADOS UNIDOS REPUDIAN PRESENCIA DEL DICTADOR CORRUPTO RAFAEL CORREA

Por: Lenin Medina

Cientos de inmigrantes ecuatorianos que residen en el área Tri-Estatal de Nueva York, Nueva Jersey y Connecticut realizarán protestas de repudio ante la presencia del dictador corrupto Rafael Correa que gobierna el Ecuador, pues este viola los derechos humanos de los ecuatorianos que viven en el país; ha penalizado la protesta social pacífica persiguiendo y encarcelando a cientos de opositores; ha conculcado la libertad de expresión y de prensa con su "Ley Mordaza" obligando a la prensa a la autocensura so pena de ser enjuiciada; ha concentrado en sus manos todas las funciones del estado rompiendo la Constitución que establece la separación de las funciones del estado; no permite la fiscalización a su gobierno y ministros permitiendo la corrupción; metió la manos en la justicia para designar jueces a su servicio para perseguir y encarcelar a sus detractores. Rafael Correa es corrupto porque ha saqueado los dineros del pueblo ecuatoriano convirtiéndose en multimillonario; su hermano Fabricio que hace 7 años era moroso hoy se ha convertido en multimillonario por los famosos contratos con el gobierno de su Gran hermano, cometiendo el delito de nepotismo; su hermana Pierina de triste recordación para nosotros los inmigrantes porque durante la campaña deambuló por acá para pedir dinero para la campaña de su hermano, hoy millonaria por el robo y narcotráfico ¿ Recuerdan la valija diplomática?; el primo Pedro Delgado por quien Correa ofreció meter las manos porque era honesto y tenía título profesional y cuando se comprobó que mentía huyó llevándose millones, para lo cual cuenta con la protección del dictador corrupto Correa, ¿para este delincuente no hay extradición?. Y que decir de los nuevos millonarios del petróleo, los ministros y altos funcionarios del gobierno: los hermanos Alvarado, Alexis Mera, Ricardo y Raúl Patiño, la chica Duarte, los Solines, la lita es más larga.

Igualmente hoy se encuentra empeñado en explotar el Yasuni/ITT para sacar petróleo en un Parque de Reserva de Biodiversidad y Pulmón de la Humanidad. Pero el pueblo ecuatoriano pide que esto sea resuelto a través de una Consulta Popular y Correa no quiere la consulta, pues tiene miedo.

Rafael Correa Delgado, la última vez que vino por estos lares fue en septiembre de 2011, en que un alcalde de Unión City lo declaró persona Non Grata y recibió el repudio de inmigrantes ecuatorianos a quienes los llamó "gusanitos" copiando la expresión de los cubanos demostrando su mediocridad y falta de originalidad.

Hoy nuevamente nos preparamos para pacíficamente protestar contra él porque oprime al pueblo ecuatoriano y se quiere perpetuar en el poder con la reelección indefinida. Además nos dará la oportunidad para decirle al mundo quien es este sátrapa que conculca los derechos humanos en el Ecuador.

Lenin Medina teléfono (347) 500-9354 & E-Mail: leninmedina10@hotmail.com
Noviembre 2014

RESPUESTA CORDIAL A MI AMIGO FRANCO GALECIO

Por: Lenin Medina

Me alegra mucho saber que hay todavia personas que mantienen su posición política a favor de Rafael Correa aunque la nave ya comienza hacer agua y pronto se hundirá. Otros ya están abandonando el barco, pero veo que usted no. Lo felicito, es leal a sus prrincipios. Además se que usted nunca se beneficio personalmente del correismo como otros sinverguenzas. Recuerdo desde la Segunda Vuelta Electoral, creo en noviembre de 2006 en la Escuela Pública donde votamos. Usted con una correa en mano bromeaba en amenazar dar correazos algunos amigos como prueba de su apoyo a RC. Pensamos distinto y esa es la libertad. Tenemos diferencias y la respeto aunque no comparta su opinion sobre RC. Pero defiendo su derecho a pensar distinto y a que se respete su críterio.

Mi opinion sobre Rafael Correa es clara y terminante desde esa misma fecha donde escribí un artículo en Segunda Vuelta: NI NOBOA, NI CORREA. Pronto saldrá un libro de más de 150 páginas escrito por mi y allí están mis opiniones y mis analisis de porque Rafael Correa es dictador y corrupto. Será el titulo de mi libro. Fue un artículo con el mismo nombre que escribí en Agosto de 2011 y que los tres periodicos ecuatorianos que circulan en Queens no me lo quisieron publicar. Lo publiqué en el Diario de Nueva York y el Semanario Impacto. Cuando se imprima el libro le haré llegar un ejemplar. Durante 8 años hemos combatido y escrito denunciando los abusos, insultos, calumnias, persecusiones, juicios y robos del gobierno de Rafael Correa. Hoy estamos preparando la Marcha en Queens del 1 de Mayo. No voy a polemizar con usted Franco. Lo aprecio y respeto como lo dice igualmente usted de mi. Mi pelea es con Rafael Correa y no con usted. Mi denuncia es que RC y sus Consules Generales meten las manos y corrompen para sus fines protervos todo lo que tocan. Posiblemente se aprovechen engañando algunas personas, no lo se, pero vamos a cerrarles el paso adonde se encuentren. Gracias Franco y seguimos siendo amigos.

RAFAEL CORREO NO BARRIO EN ELECCIONES, PEOR TRIUNFO HISTORICO

Según el Consejo Nacional Electoral, CNE hay en el Ecuador 11'675.441 de empadronados y actos para votar. De estos 2'207.825 no acudieron a votar y es el ausentismo que fue el 18.95%. Los votos nulos y en blanco sumaron el 12%. Ambos, ausentismo y Nulos y Blancos suman 30.95%, es decir solo se contabilizó el 69.25% como votos válidos. De estos 69.25% el candidato autócrata Rafael Correa sacó el 57.%. En realidad del total de los 11'675.441 de empadronados solo votaron por el dictador corrupto el 39.13%. ¿Dónde está la barrida, el triunfo histórico, apoteósico?. Con las Leyes Electorales anteriores que modificó Correa habríamos tenido Segunda Vuelta y tampoco hubiera sacado 100 Asambleístas. Pues gana 100 Asambleístas con apenas el 52% de los votos mal llamados votos válidos.

Rafael Correa ya se posesionó de su tercer mandato consecutivo presidencial el 24 de Mayo de 2013. Ya lleva en el poder 6 años y 4 meses. Lo que lo ubica como el presidente ecuatoriano que se ha mantenido por mayor tiempo en el poder. Y esto que le falta cumplir los nuevos 4 años de su tercer mandato. Lo cual hace 10 años y 4meses.

En el Ecuador ha habido dictadores, pero es casi seguro que ninguno tuvo tanto dinero de los precios altos del petróleo, la concentración del poder en sus manos: Legislativo, Judicial, Electoral y Ciudadano. Correa dice que EL ESTADO SOY YO y que gobernará 30 años el Ecuador. Rafael Correa no es socialista. Es un aventurero improvisado. No tiene antecedentes políticos. Aparece de la noche a la mañana. En menos de dos años de forajido golpista pasa a ser Ministro de Economía y luego a ser candidato presidencial. Con el dinero del narco tráfico gana la Presidencia del Ecuador. Ahora Correa es dictador. Ha concentrado en sus manos el poder, criminaliza la protesta y encarcela a sus opositores. En el Ecuador no hay libertad. La corrupción y el latrocinio están a la orden del día. Correa deja robar a su círculo rosa, a sus colaboradores y a su familia para que le sean leales. Todos estos ya están millonarios y viven como magnates.

Sabemos que es difícil derrotar al tirano, pero no imposible. Lo peor es tenerle miedo y no hacer nada por ese miedo al déspota. Los ecuatorianos tenemos los ejemplos de Juan Montalvo y Eloy Alfaro luchando hasta terminar con las dictaduras.

Correa tiene el apoyo del 40% de los empadronados y allí están los 500.000 burócratas que trabajan en el gobierno haciendo campaña política a su favor, pues antes de la llegada de Correa solo había 100.00 empleados públicos, de los cuales muchísimos fueron cancelados porque no eran partidarios de Alianza País. Tiene también el apoyo de los que reciben el Bono de la Vivienda, de los demás subsidios. Se calcula que cerca de un millón de familias reciben 50.oo dólares por el Bono de Desarrollo Humano. ¿Qué familia puede hoy vivir en el Ecuador con 50.oo dólares mensuales?. Actualmente se gastan en subsidios 9.000 millones de dólares del Presupuesto Nacional de 26.100 millones de dólares.

Aquí, en el exterior los cónsules ecuatorianos son juez y parte del proceso electoral, lo cual es una inmoralidad y además tienen una gavilla de asalariados a su disposición. Tenemos que luchar porque las elecciones en el exterior se organicen fuera de los consulados y por personas honestas e independientes.

Lenin Medina es un ecuatoriano que vive en Nueva York. Teléfono (347) 500-9354 o escribir al correo electrónico: leninmedina10@hotmail.com

Escrito en Febrero de 2013.

INTRODUCCION

Este artículo escrito en octubre de 2012 cobra actualidad después del fraudulento triunfo de Rafael Correa, ayer 17 de Febrero de 2013, en primera vuelta. Nosotros no participamos en estas elecciones como candidato. Apoyamos a quienes lo hicieron desde la oposición en el Control Electoral en Estados Unidos y Canadá, dando el beneficio de la duda. Pero tuvimos razón. Los resultados electorales de ayer son el resultado del trabajo de 7 años de gobierno de Rafael Vicente Correa buscando su reelección. Siete años de dictadura e ir concentrando el poder en sus manos. Siete años de mentiras, represión, calumnias, robos, insultos, etc. Siete años de despilfarros, de gastar a manos llenas los dineros del pueblo ecuatoriano como si fuera su chequera personal. Siete años de prepotencia, autoritarismo, de justicia torcida, de falso socialismo. Siete años de populismo y dádivas Bono de Desarrollo Humano, Bono de la Vivienda, subsidios, sobreprecios. Siete años de aplicar la frase aberrante "que hagan obras aunque roben". La familia Correa Delgado está millonaria, el círculo que rodea a Correa está millonario, los robos son escandalosos. Son los nuevos enloquecidos por el dinero. Nosotros combatimos a la Partidocracia y sus siete partidos políticos. Pero hoy tenemos un solo partido político dueño del CNE, que es Alianza País y su lista 35. Siete años de una Asamblea Nacional que no fiscaliza y hace lo que el tirano le ordena . Allí están los escandalosos casos de Los Contratos del Gran Hermano con Fabricio Correa Delgado, la Narcovalija con Patiño y Pierina Correa Delgado, El Caso del primo Pedro Delgado, funcionario del gobierno que huyó del país a vista y paciencia de las autoridades y que Rafael metió las manos al fuego por defender al primo ladrón y hoy millonario que descansa y disfruta en Miami. Esto por señalar algunos casos. La lucha es larga y hay que continuar combatiendo al tirano Rafael Correa. Tenemos que estudiar a fondo la dictadura correísta para combatirla con efectividad y buscar nuevas formas de lucha. Adelante Ecuatorianos. Adelante.

LOS LEVANTA MANOS Y AHORA MUDOS DE ALIANZA PAIS

Los Candidatos son el garrotero Alex Guamán y Señorita Ximena Peña...

#DespiertaECUADOR

Por: Lenin Medina

Alianza País, el Movimiento Político del dictador corrupto y fascista Rafael Vicente Correa ha lanzado las candidaturas para asambleístas por Estados Unidos y Canadá, de dos ilustres desconocidos que carecen de los conocimientos necesarios para ir a una Asamblea Nacional a elaborar las leyes del Ecuador y fiscalizar al actual gobierno corrupto. Parece que vamos a tener a dos asambleístas peores que Francisco Hagó y Linda Machuca. Ya que estos a más de levantar las manos, serán mudos y garrotero él varón. Los candidatos son Alex Guamán y Ximena Peña. Y lo peor es que como los consulados hacen fraude es casi seguro que serán los nuevos asambleístas por los Estados Unidos y Canadá.

El movimiento político del gobierno corrupto ya comenzó la campaña electoral en Estados Unidos con la repartición de juguetes en el Teatro Boulevard, de Queens, por parte de los cónsules y el ex director de la SENAMI Danilo Roggiero, quienes se embolsicaron algunos miles de dólares según el decir de sus colaboradores que les llaman "come solitos", porque no reparten las estorciones y sobreprecios de los eventos que organizan. Los cónsules dicen a sus íntimos que tendrán 50 millones de dólares a su disposición para la campaña en el área Tri Estatal y que esto solo es para empezar. Si ahora ya son millonarios unos milloncitos más no le caerán mal. A avisparse muchachos de Alianza País con los "come solitos" y pidan su parte.

Y por la oposición las cosas andan mal. Aún no empieza la campaña y ya existen muchos desacuerdos y lo peor es que no tienen dinero para promoverse como candidatos. Solo tendrán la mayoría la publicidad que paga el CNE. Si no se organizan y logran controlar sus divergencias y desavenencias, su participación será solo un saludo a la bandera.

Los candidatos de CREO Edgar Jara y Paquita Cabrera y su director de campaña Carlos Rivas, aún no suenan. No se los oye. A Jara lo ven comiendo en el Gaucho, ni siquiera va a comer a restaurantes ecuatorianos para que lo conozcan. Alguna gente de Miami y Nueva York que apoyaba a Guillermo Lasso se le abrió a Jara. Veremos cuál es su campaña, porque todavía no empiezan.

La lista 6 de Madera de Guerrero, del Alcalde de Guayaquil Jaime Nebot perdió a los directivos del Partido Social Cristiano de Nueva York y Nueva Jersey y puso a cambio como director al garrotero Freddy Naranjo, ex militante de Alianza País que abandonó las huestes correistas y las oficinas consulares y de la SENAMI. Los ex social Cristianos han puesto como condición para volver al Partido que salga Naranjo. Hasta el 7 de Enero se despidieron los candidatos Xavier Mejía y Marjurie Baquerizo para empezar la campaña y también su Jefe de campaña el rapero Gerardo Mejía que no calificó su candidatura ante el CNE en Quito. Cuentan que Jaime Nebot les ofreció 30,000 dólares para la campaña.

En la próxima entrega continuaremos opinando de las demás candidaturas. En artículos anteriores ya dijimos porque no participamos en el actual proceso electoral porque será el más escandaloso fraude a favor de Correa por los

Consulados y el Consejo Nacional Electoral, CNE. También dijimos que vamos apoyar y asesorar gratuitamente a las candidaturas de la oposición que tengan más posibilidades de ganar o por lo menos de hacer una buena campaña contra Correa. Y lo mantenemos. Igualmente les hemos manifestado a algunos candidatos y a sus asesores la importancia del Control Electoral el día 17 de Febrero para tratar de evitar el fraude de los consulados.

Lenin Medina es un activista ecuatoriano que vive en Nueva York por 44 años. Teléfono (347) 500-9354 o correo electrónico leninmedina10@hotmail.com

EMPEZARON LAS CAMPAÑAS ELECTORALES ECUATORIANAS.

Se Cambian de Camisetas: Dejan Alianza País para ser Social Cristianos.

Por: Montalvo Fiajua

La campaña política ecuatoriana para asambleístas por los Estados Unidos y Canadá aún no ha comenzado como en el Ecuador. Ya están inscritos los candidatos y las etapas se están cumpliendo por parte del Consejo Nacional Electoral, CNE pero acá los candidatos, según parece esperan el 4 de Enero de 2013 para empezar. Como se espera y ya es una costumbre los cónsules preparan el fraude electoral a favor del gobierno del dictador corrupto y fascista Rafael Vicente Correa. De allí que sea un imperativo de la oposición el control electoral poniendo el día de la elecciones un delegado en cada Junta Receptora del Voto.

Los candidatos a la presidencia del Ecuador son 8. Rafael Vicente Correa que busca la reelección y tiene todo el dinero del mundo y el poder del Estado Ecuatoriano, incluido el CNE, vale decir tiene a su favor al árbitro, jugadores, barra, cancha, y todo. Y contra Correa 7 candidatos: el multimillonario y bufón Alvaro Noboa; el coronel de la traición Lucio Gutiérrez, el candidato del PRE; el candidato de Ruptura 25; Alberto Acosta, de la Coordinadora de Izquierda 15-18; Mauricio Rodas del centro y Guillermo Lasso, de la derecha liberal. Estos ya se encuentran en plena campaña. Luego en otro artículo analizaremos a cada uno y sus posibilidades.

Un grupúsculo de militantes de Alianza País, el Movimiento del dictador corrupto y fascista Rafael Vicente Correa, ha dejado de formar parte al desafiliarse por diversos motivos. Desde la asambleísta por Estados Unidos Blanca Nubia Ortiz, pasando por Sánchez hasta llegar al triste celebre garrotero Freddy Naranjo. Estos dos últimos son ahora Social Cristianos y están dirigiendo la campaña de la 6 con el candidato para asambleísta por Estados Unidos Xavier Mejía. Pero estas deserciones no son por principios ideológicos o morales sino por troncha, por malos repartos. Naranjo ya se encuentra preparándose para propinarle garrote a sus antiguos jefes los Cónsules. El bocón y gritón de Freddy Naranjo les ha contado a sus nuevos jefes de la 6 que le llevó a Correa 750 personas a la sabatina de septiembre de 2011 en el Queens Collage, lo cual es una mentira, pues apenas hubieron 450 personas contadas por quien escribe y ratificada por otros. Como les dice el dictador corrupto a quienes dejan Alianza País: "Qué les vaya bonito".

Parece que el dueño del Semanario Ecuador News también está resentido con los cónsules y la directora de la SENAMI, pues le ha ofrecido apoyar en esta campaña a los hermanos Mejía y a la lista 6. ¿ Será que Ecuador News dejó de ser el portavoz del gobierno de Correa?. ¿Le habrá ganado la pelea de intriga, de dimes y diretes el dueño del Quincenario Orgullo Ecuatoriano?

Pronto lo sabremos y les contaremos a nuestros lectores.

Por el Movimiento Político CREO de Guillermo Lasso están como candidatos Edgar Jara y la ilustre desconocida Paquita Cabrera, ambos de Miami. Será solo un saludo a la bandera por parte de este dúo. Y para colmo tienen como jefe de campaña a un sinvergüenza que entraba y salía de los consulados como en casa propia. Jara viajó al Ecuador con una delegación de Miami y que Guillermo Lasso no quiso recibirla, ni saludarla. Estos se resintieron y con razón y dejaron solo a Jara.

Igualmente el viernes 14 se efectuó el lanzamiento de las candidaturas de la lista 6 para Estados Unidos y Canadá, la Social Cristiana de los hermanos Gerardo y Xavier Mejía. Los asistentes al Sabor Latino fueron 72 personas. No llegaron los 750 invitados por Freddy Naranjo que fue el organizador de ese evento. Este gritón tiene engañados a los hermanos Mejía porque hace y deshace a su gusto y sabor con este grupo.

Enero 2, 2013

LA SENAMI ESTA DETRÁS DE LA EXPOFERIA

Son los Mismos Avivatos...

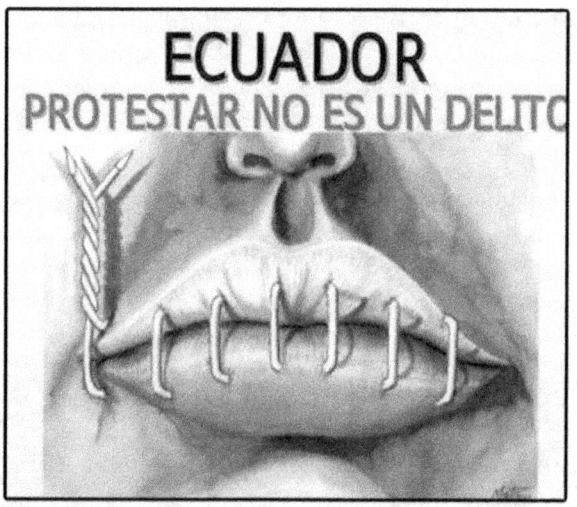

Por: Montalvo Fiajua

La SENAMI, Secretaria Nacional del Migrante es un organismo al servicio del gobierno Correista en el exterior para difundir la obra de Rafael Correa y captar nuevos miembros para el Movimiento Alianza País. Aunque aparece disfrazado de ayudar a los inmigrantes, lo cual es falso -pues nada hace por los inmigrantes- ya que en realidad es el brazo político del correísmo en el exterior.

Además coordina y trabaja junto a los cónsules del área Tri Estatal, especialmente con los que no son de carrera si no de la cuota política de Rafael Correa. La SENAMI junto a estos cónsules de la cuota política son los que han venido cometiendo fraude electoral, persiguiendo a los dirigentes comunitarios que no se prestan para sus fechorías, marginando a quienes no son de su sus grupos, entre otros actos bochornosos.

En la última venida del Buque Escuela Fragata Guayas – hace pocos días- pudimos notar como elaboraron listas especiales, solo a sus amigos, para que asistan a la Recepción de Gala que ofrecía el capitán del Navío a la comunidad. Eran listas minuciosamente elaboradas para evitar participen personas de su llamada lista negra. Ellos mismo lista en mano permitían el ingreso.

La SENAMI de Nueva York acaba de lanzar —es una primicia- como candidatos para Asambleístas por Estados Unidos y Canadá a su director Danilo Roggiero y al garrotero Julio Mora. Estos noveles políticos se han echado al ruedo tempranamente. Tenemos que recordarles el dicho popular que no por madrugar amanece más temprano.

La SENAMI Nueva York cuenta con la colaboración, asesoría para realizar negociados ilícitos con el "prestigioso " y consecuente Semanario Ecuador News quien le ha prestado con derecho a sueldo y otras regalías, a sus mejores empleados: Julio Mora, especializado en garrotero; Julio Garino, repartidor oficial de Ecuador News y de el periódico del gobierno El Ciudadano; Dino Domínguez, Director de Deportes de Ecuador News y hoy haciendo Expoferia, Eventos Deportivos en Miami pagados por la SENAMI y posiblemente en Nueva York si se hace realidad el sueño de su vida y la razón por la cual abandonó al Alvarito por el Rafiquito.

Al Dino Domínguez le han ofrecido darle cerca de 400.000 dólares del Ministerio de Deportes, a través de la SENAMI para que realice eventos deportivos para levantar la imagen deteriorada de Rafael Correa y conseguir votos para las elecciones del 2013. Por eso estos avivatos no quieren se hagan olas para evitar se les haga agua sus negocitos. Dicen las lenguas largas que la señora Carmen Arboleda irá a trabajar a la Oficina Legislativa del Consulado. Y todavía espera el editor en jefe del Semanario Ecuador News el anhelado nombramiento de Cónsul del Ecuador en Chicago. Que viva la Revolución Ciudadana que reparte el lleve por millones.

Todos estos nuevos "empresarios" forman parte de la SENAMI y de Expoferia. La Expoferia se realizó los días 1, 2 y 3 de Junio pasado. Ya nos contaran como les tocó a cada uno las fabulosas ganancias y cuánto le sacaron a la SENAMI. Después de todo son los mismos avivatos. Están enloquecidos haciendo dinero fácil de las arcas del erario nacional y que le pertenece al pueblo ecuatoriano.

También estuvieron dirigiendo el evento del IESS de Ramiro González a quien estos angelitos le sacaron la bicoca de 100. 000 dólares para montar el evento de exponer el seguro voluntario para los inmigrantes ecuatorianos que nos costará 102 dólares mensuales. Esto será tema de otro artículo.

La verdad es que dan miedo estos sujetos, pues cada evento o fiesta que realizan a nombre de la SENAMI se apropian indebidamente de miles de dólares que le pertenecen al pueblo ecuatoriano. Pero a estos socios listos no le importa. Que siga la borrachera de los dólares.

Nota.- Ultimas Noticias.-

Corren fuertes rumores que renunciaron a Danilo Roggieo por culpa de sus "asesores" que le hicieron meter las cuatro …El cónsul informante compañero boys scout y amigo íntimo del Rafico y además miembro de la Seguridad Interna del Gobierno le contó al déspota de las tropelías que cometían en la Casa Ecuatoriana y SENAMI Roggiro y sus asesores Julio Mora, Freddy Naranjo y el Grupo de la Banda Ecuador News. Estos rufianes han huido, si los encuentra avise a los consulados que no le agradecerán y peor los castigarán. Para la comunidad Prohibido Olvidar. La cárcel es lo que merecen estos oportunistas.

2012

¿QUE HACER? PRIMERA PARTE

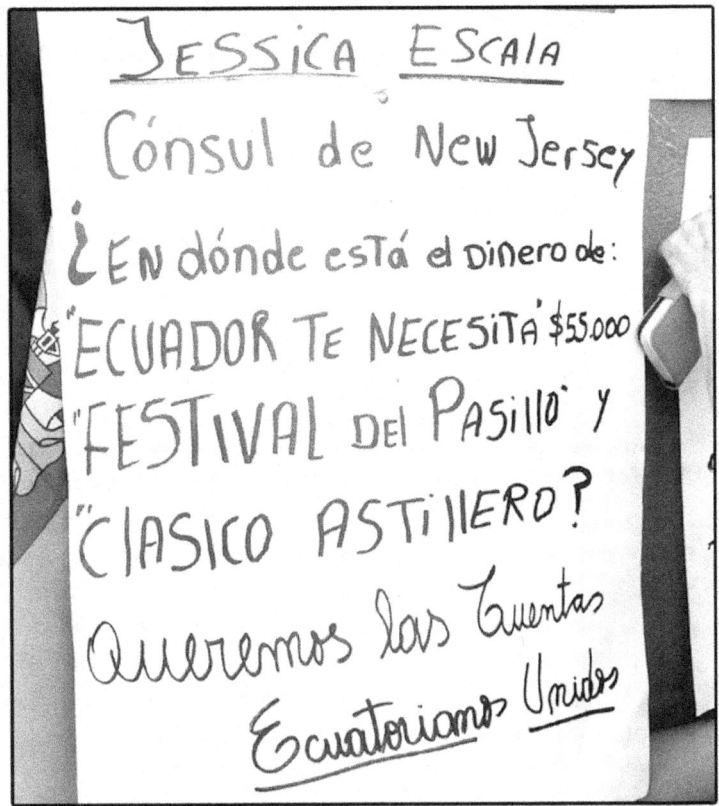

Por: Lenin Medina

A comienzos del siglo XX, por 1904 un revolucionario ruso se planteaba esta interrogante de ¿Qué Hacer? frente al fracaso de hacer la revolución y tumbar a los zares. Lo conseguiría más tarde en 1917. He titulado de igual manera mi comentario para opinar sobre la situación política y electoral del Ecuador de estos momentos.

Ya el presidente dictador corrupto Rafael Correa se apresta a ir una vez más y de manera sucesiva a la tercera reelección presidencial del Ecuador, el 17 de Febrero de 2013, para lo cual cuenta con un Consejo Nacional Electoral con todos sus miembros, hasta los conserjes de manera incondicional. Y no solamente esto, sino que estos reformaron inconstitucionalmente el Código mal llamado de la Democracia para favorecer la candidatura de Correa y perjudicar a sus oponentes. Igualmente dictaron leyes y reglamentos parcializados y amañados donde no existe igualdad en la participación electoral, favoreciendo descaradamente al tirano para que se perpetúe en el poder con el más escandaloso fraude que se prepara. Ya Correa lleva gastado en publicidad de promocionar su candidatura 71 millones de dólares y esto que aún no comienza la campaña.

Este Consejo Nacional Electoral, CNE acaba de terminar de cumplir las órdenes dictadas del dictador Correa dadas desde las "Sabatinas Mentirosas" de cada semana de las firmas falsas y que sirvió de pretexto para eliminar a algunos opositores y distraer a la oposición para ganar tiempo. Alianza País fue el Movimiento o Partido Político que más firmas fueron descalificadas por falsas, lo mismo que de Equipo el Movimiento de su hermano Fabricio Correa, hoy millonario por los famosos contratos a dedo y con sobreprecios dados por el gobierno corrupto. Los Correa Delgado están millonarios porque son listos según el decir de ellos.

Además, el CNE eliminó a César Montúfar, de la tendencia de centro izquierda y posiblemente el más destacado de sus oponentes, por sus denuncias de los actos de corrupción de su gobierno y fue quien lo desafió a un debate público en una de sus sabatinas mentirosas y cuando llegó las turbas asalariadas de los correistas lo golpearon e impidieron el debate. Seguramente Montúfar le ganaría el debate ya que Correa es un inepto, torpe, que carece de formación política y cultural. Solamente repite como loro lo que sus secuaces del "círculo rosa" le dicen. Ya la ciudadanía descubrió que sus consignas y lemas políticos son copiados y que carecen de originalidad.

Ir en estas condiciones a participar en un proceso electoral totalmente viciado es un suicidio político. La oposición a Correa está fragmentada y dividida y lo peor que carece de audacia y ganas de ganar. Se conforman con algunos puestitos en la Asamblea para negociar pequeñas prebendas.

Con este cuadro electoral es casi seguro que Rafael Correa ganará en la primera vuelta electoral.

En el exterior los consulados en manos de los adeptos de Correa continuarán cometiendo fraude y alterando los resultados electorales. Los cónsules son jueces y parte del proceso electoral. Hoy el gobierno de Rafael Correa acaba de nombrar mil burócratas nuevos para los Estados Unidos y Canadá para que vengan a reforzar a las alicaídas huestes que han sido derrotadas y humilladas por los patriotas ecuatorianos, en las últimas protestas contra el dictador corrupto Rafael Correa.

Frente a este panorama electoral en que Rafael Correa ha cerrado totalmente las posibilidades de ser derrotado en las urnas el 17 de Febrero de 2013. ¿Qué debemos hacer?. Lógicamente buscar otras formas de lucha. No olvidar que nos estamos enfrentando a un dictador de la ralea de un Trujillo, Batista, Somoza, Pérez Jiménez, Pinochet, Videla, etc. Además Correa tiene dinero del petróleo y el apoyo económico de Hugo Chávez y de la FARC. Además cuenta con un presupuesto para el 2013 de 26.100 millones de dólares de los cuales más de 5.000 millones son para subsidios. Lo mismo que con aproximadamente 294 millones de dólares para propaganda a favor de su campaña. Debemos tener ideas originales y no olvidar lo que acaba de pasar en las elecciones venezolanas. Los ecuatorianos tenemos ejemplos recientes de luchas populares en que el pueblo derrocó a los gobiernos corruptos de Abdala Bucaram, en 1997; Jamil Mahuat, en 2000 y Lucio Gutiérrez, en el 2005, donde Rafael Correa participó junto a los forajidos. Rafael Correa, tal vez, podría ser el próximo. Por lo pronto voy a desempolvar a Curzio Malaparte y volver a leer su libro Técnica del Golpe de Estado.

Lenin Medina es un activista comunitario ecuatoriano que vive en Nueva York. Teléfono (347) 500-9354. Correo Electrónico E: mail leninmedina10@hotmail.com
Septiembre-Octubre de 2012

LLAMAMIENTO A LOS COMPAÑEROS PERSEGUIDOS Y CALUMNIADOS POR LA DICTADURA CORREISTA SOBRE LA DEMANDA QUE INICIAMOS...

Yo, Lenin Medina quiero hacerle un llamamiento cordial a cada uno de ustedes para continuar con la demanda que iniciamos el año anterior contra el dictador corrupto y fascista Rafael Correa por los ataques protervos y alevosos contra 14 dirigentes políticos y comunitarios residentes en Nueva York y Nueva Jersey. Considero sumamente importante no abandonar la demanda, y por lo contrario volver a retomarla para continuar con ella.

Con las elecciones que se realizarán en Febrero de 2013 han aumentado los ataques a quienes nos oponemos y denunciamos los abusos y atropellos de la tiranía. Ahora quieren ser ellos quienes nos van a llevar a las cortes porque se sienten ofendidos y victimas de nuestros insultos. A las denuncias veraces y frontales que le hacemos la llaman calumnias.

A nuestra posición vertical y recta la reciben como ataques personales a su dignidad. Con cinismo inaudito acá invocan la libertad y respeto a los derechos humanos y la libre expresión cuando en el Ecuador los conculcan.

Nosotros solamente estamos ejerciendo nuestro trabajo de investigar y denunciar las corrupciones en la SENAMI y de su ministro de los inmigrantes Francisco Hagó y de la politización y parcialización de los consulados a favor de Rafael Correa. Si ellos tienen la facultad por la Ley de organizar y realizar el proceso electoral en el exterior, lo menos que podemos pedirles es imparcialidad y respeto a la voluntad popular expresada en las urnas.

Compañeros los exhorto acercarnos a las oficinas del abogado Jorge Moreno para concertar una cita donde reanudemos el juicio a Correa. Por favor, seamos esos 6 u 8 valientes ecuatorianos inmigrantes que enjuiciemos al tirano corrupto saliendo en defensa de la dignidad y justicia del pueblo ecuatoriano.

Cordialmente,
Lenin Medina
Enero 2012

LAS ELECCIONES PARA ASAMBLEISTAS ECUATORIANOS EN LOS ESTADOS UNIDOS Y CANADA

Por: Lenin Medina

Hasta este instante no hay un estudio serio y profundo sobre la dictadura de Rafael Correa, que no solamente es política sino también económica, jurídica, social, laboral, corrompida, que tiene millones de millones de dólares a su disposición para engañar al pueblo ecuatoriano regalando " bonos" y mintiendo descaradamente que en el Ecuador hay una bonanza con su publicidad millonaria atiborrando la mente del pueblo y complaciendo generosamente a miles de miles de mercenarios, aún intelectuales que ponen su conocimiento al servicio del tirano, etc. Es decir es multidisciplinaria. Este estudio es necesario para poder combatir con base y efectividad a la dictadura corrupta y fascista de Rafael Correa.

En el Exterior pensamos que nos podemos unir los inmigrantes, bajo estas siglas, para plantear nuestras necesidades que han sido olvidadas por la tiranía y sus

secuaces que están distraídos comiéndose la torta presupu-
estaria entregada por el déspota a los corruptos de la
SENAMI, La Casa Ecuatoriana y los Consulados.
También consideramos que por los momentos que atraviesa
el país no cabe plantear la lucha entre izquierda y derecha.
El cambio social debe ser una prioridad, que tenemos que
mantener. La izquierda y la derecha ecuatoriana deben
postergar posiciones para más tarde, cuando el tirano caiga.
Para ganarle a Correa lo correcto es plantear la lucha entre
Democracia versus Totalitarismo. Rafael Correa no es
socialista. Eso ya está claramente demostrado. Su culto a la
personalidad no es marxista. Es un fascista. Mintió
descaradamente diciendo que solamente estaría en el poder
4 años y ya lleva 5 con 5 meses. Y busca reelegirse por 4
años más. Es un dictador fascista, que recurre a lo que sea
hasta matar por mantenerse en el poder. Aún ganándole en
las urnas a Rafael Correa él nos puede hacer fraude porque
tiene el control de los organismos electorales y millones de
millones de dólares para gastar a favor de su izquierda
torcida y personalista.
Igualmente se están realizando conversaciones entre los
grupos de oposición al dictador Rafael Correa pensando que
acá se podría dar esa unidad –como inmigrantes desprotegi-
dos que somos- para enfrentar a los borregos levanta manos
de Linda Machuca, Francisco Hagó, Blanca Ortiz, entre
otros. Que han ganado con fraude consumado por los
consulados correístas, que fueron puestos para hacer lo que
hacen pues son cuota política del dictador. Pero no son
fáciles ya que la influencia de los partidos y movimientos
nacionales radicados en el Ecuador no deponen los
personalismos y las ambiciones.
Todo hace suponer que estos grupos están infiltrados por los
agentes del correismo para dividir y fragmentar nuevamente
a la oposición. Lo peor que puede suceder es que Correa
también logre dividirnos a nosotros acá en el exterior e
impida la unidad que buscamos. Esperemos que prime la
madurez y la necesidad de pensar primero en la Patria.
Aunque logramos trabajar juntos en las protestas del 8 de

Marzo y la del 22 todo hace pensar que algunos grupos ya se encuentran trabajando para ir solos. Tal el caso de la Coordinadora de izquierda del MPD, PachakutiK y los grupos de Gustavo Larrea y Alberto Acosta, la RED y otros. Algunos de ellos son los ex empleados del gobierno de Rafael Correa que lo ayudaron a ganar y que luego el déspota se fue deshaciendo de ellos para convertirse en el caudillo y amo absoluto de la mentada revolución ciudadana. A su vez, los movimientos Pachakutik y MPD sus miembros son perseguidos, encarcelados y asesinados por Correa. Si no podemos ir juntos por lo menos trataremos de unir a la oposición en el Control Electoral para impedir nuevamente el fraude por parte de los consulados.

Los eventos del 8 de marzo que fueron convocados por El Frente Democrático de Ecuatorianos en el Exterior no fueron financiados por nadie. No tenemos mecenas. Todo es el esfuerzo de nosotros mismo. Usamos métodos pobres de pancartas, letreros que nos lo pagamos cada uno. No tenemos los millones de la dictadura que les paga salarios, comidas y tragos, camisetas, equipos de sonido de los dineros del pueblo ecuatoriano.

La dictadura corrompida cuenta con un presupuesto de 240 millones para hacer publicidad este año y ya han comprado aquí en Nueva York a un grupo de falsos dirigentes que están engañando al tirano, haciéndole creer que son líderes de multitudes que los siguen. Cuando la verdad es que la comunidad está aislada, trabajando duro para enviar dinero al Ecuador, pagando sus deudas y buscando vivir mejor. Aquí no hay movimientos masivos. Igual que en el país estamos fragmentados. Pero los engañados van a ser ellos. Porque al final no le darán nada, al igual que engañaron a otros dirigentes comunitarios para cuando vino el tirano en septiembre del año pasado, que les ofrecieron darle 50.000 dólares a cambio de que le lleven gente a la sabatina, y no le dieron nada. Pero lo que si es cierto, es que no lo vamos a dejar que se bajen de la camioneta estos oportunistas corrompidos cuando caiga el tirano. Ellos también irán presos por corruptos.

La comunidad ecuatoriana ya se enteró de las corrupciones en la SENAMI. De La Casa Ecuatoriana y los Consulados. Espera sanciones ejemplares para estos delincuentes de cuello blanco. Por fin se destapó la olla podrida que guardaban y escondían con mucho celo. Estos malos ecuatorianos se han substraído millones de millones de los dineros del pueblo ecuatoriano con sus negociados y sobreprecios de los eventos que realizan.

La comunidad ecuatoriana de inmigrantes en Estados Unidos y Canadá exige fiscalización y castigo verdadero para estos ineficientes y corruptos funcionarios al servicio incondicional y servil del dictador corrupto Rafael Correa. Sabemos que no recibirán castigo por parte de la dictadura, también corrupta como ellos. Son tal para cual. Por eso invocan la Majestad del Poder, para que no los fiscalicen.

Nuestra Comunidad ya debe comenzar a pensar en constituir Tribunales Populares para juzgar y sancionar a estos empleados públicos que se apropian indebidamente de los fondos del pueblo ecuatoriano.

El Semanario Ecuador News vocero oficial de la Revolución Ciudadana en el área Tri Estatal acaba de publicar en sus páginas una entrevista del incapaz, inepto y deshonesto Francisco Hagó, Ministro de la SENAMI y este desvergonzado no dice nada de los robos e irregularidades de la SENAMI. Solamente manifiesta que Danilo Roggiero renunció por motivos personales y que la cuota política de los empleados puestos por el Semanario Ecuador News se queda, para continuar con los saqueos. Este Francisco Hagó es el nuevo muchacho de su muchacho. Hugo Chávez le dice mi muchacho a Rafael Correa y Rafael Correa llama mi muchacho a Francisco Hagó. Este imberbe nos trató de pasquín. Estamos seguros que no sabe quién fue Pasquín y que es un pasquín.

Junio 2012

SE REALIZARA PROTESTA CONTRA RAFAEL CORREA FRENTE A CONSULADO ECUATORIANO DE QUEENS

Por: Lenin Medina

Varias Organizaciones comunitarias, gremiales, políticas, sociales realizarán una protesta contra el gobierno corrupto y fascista de Rafael Correa por los últimos acontecimientos que son de dominio público: como las Reformas al Código de la democracia aprobadas de manera inconstitucional e irregular que consagrarán el fraude de las elecciones de 2013; los juicios conducidos por jueces encargados nombrados por el tirano que dictaron sentencias amañadas contra los periodistas Juan Carlos Calderón y Cristian Zurita autores del libro "El Gran Hermano" donde denuncian los atracos por parte de los hermanos Mauricio y Rafael Correa Delgado al estado ecuatoriano y la sentencia de tercera instancia dada por la nueva Corte Judicial reorganizada por el dictador Correa que debutó defraudando al pueblo ecuatoriano al ratificar la sentencia contra el Diario El Universo del corrupto juez Juan Paredes de tres años de prisión y al pago de 40 millones de dólares al periodista Emilio Palacio y los tres hermanos Pérez. La protesta se realizará frente al edificio donde funciona el Consulado Ecuatoriano de Queens, ubicado en las calles Roosevelt Blvd. y 69 St. Parada del tren 7, a la 12:30 de la tarde, el día jueves 8 de Marzo.

Además estas organizaciones han decidido protestar todas las semanas los viernes a la misma hora 12:30 de la tarde y en el mismo lugar Consulado Ecuatoriano de Queens contra el gobierno de Rafael Correa para lo cual han constituido un Gran Frente Democrático donde se está elaborando una Plataforma de la Unidad Democrática para enfrentar al dictador corrupto y fascista Rafael Correa en las elecciones de 2013

Por tal motivo están invitando a la comunidad ecuatoriano y latinoamericana democrática a que se unan y participen de estas protestas contra los tiranos que están esclavizando algunos pueblos latinoamericanos como Cuba, Venezuela, Nicaragua, Bolivia y Ecuador, lo mismo que Irán los cuales se han unido para formar un eje para oprimir y explotar a sus pueblos y también fomentar en el mundo el terrorismo, el narcotráfico, el sicariato, la delincuencia y la corrupción.

Para más informes llamar al teléfono (347) 500-9354 o escribir al correo electrónico: E-Mail: leninmedina10@hotmail.com

Marzo 1, 2012

TIKO TIKO Y YO, JUNTOS HEMOS CAMBIADO LA IMAGEN DEL ECUADOR.

Rafael Correa es puntuado como el Presidente más payaso de la región.

Fuente: John Oliver

BREVE HISTORIA DE LA CASA ECUATORIANA

Por: Lenin Medina

Crear la Casa Ecuatoriana fue un viejo sueño acariciado por la comunidad inmigrante. Pero que sea de los inmigrantes, donde ellos sean los protagonistas y directores de la misma y no el gobierno como hoy sucede y peor que sea el brazo político de Alianza País para mentir y captar votos a favor de Rafael Correa. Y peor aún que sea una Casa de negociados y enriquecimiento ilícito -con los dineros del pueblo ecuatoriano- por quienes la dirigen.

Por los años de 1974, aquí en Nueva York colaboraba voluntariamente con un Centro de Inmigrantes Dominicano, llamado CEDOAS, que estaba ubicado en Manhattan en la calle 108 y Broadway, segundo piso. Ese Centro brindaba algunos servicios a los inmigrantes latinos, aunque la mayoría eran dominicanos, tales como inmigración, dando asesoría y atención legal. Pagaban a un abogado para que defienda a los inmigrantes detenidos por carecer de los papeles, los ayudaban con las fianzas y a los que tenían posibilidades legales le tramitaban la residencia, Este Centro era financiado por las Iglesias Episcopales y tenían convenios con la ciudad en educación, desayunos, viviendas y otros. Yo dirigía el departamento de Educación voluntariamente. Yo siempre he sido profesor y conferencista y ese era mi trabajo. Preparábamos un grupo de profesores a más de un centenar de estudiantes adultos para dar el examen de Equivalente de Bachillerato y ayudábamos a otros a ingresar a las universidades. Estos trabajos me motivaban a fundar La Casa Ecuatoriana, pero nuestra comunidad todavía no era grande. Solamente comenzamos a realizar La Semana Ecuatoriana en los años de 1975 y 1976.

En los años de 1990 ya la comunidad ecuatoriana de Nueva York había alcanzado un crecimiento respetable. Sus organizaciones comunitarias eran múltiples. El Comité Cívico de Nueva York hacia eventos masivos. Su desfile y festival estaban entre los mejores. Yo vivía en la ciudad de Los Angeles y venia invitado o trayendo proyectos a favor de nuestra comunidad. En el año de 1991 fui invitado por el presidente del Comité Cívico de Nueva York Dr. Eudoro Hinojoza al Desfile y Festival. Lo mismo sucedió en 1992 cuyo presidente fue el Ing. José Ramón Alvarez y en 1993 me nombraron Padrino del Desfile en la presidencia del Ing. Tony Toral. Ya en esa época los festivales del Comité Cívico de Nueva York reunían algunos cientos de miles de asistentes. Estos Comités ya tenían locales alquilados y comenzaron a dar clases de inglés, de educación, computación y otros. Pero siempre se tuvo en mente crear La Casa Ecuatoriana.

En el año 2000 me mudé a Nueva York principalmente para trabajar por el Voto en el Exterior y con la comunidad. A principio del 2001 el Cónsul General del Ecuador Hernán Holguín, el Cónsul Gonzalo Andrade, el Comité Cívico de Nueva York con su presidente Tony Toral y los grupos de inmigrantes que trabajábamos en la Iglesia Santa Brigida, Lema, Macario Quinde, Lupita Carvajal, Nicolás Zambrano, Manuel Paucar, Segundo Narváez, Carlos Córdova, Fanny Guadalupe y muchos más fundamos el Frente de Inmigrantes Ecuatorianos y a través de este se entregó un proyecto de TPS al congresista de Queens Joseph Crowley y se elaboró el proyecto para crear La Casa Ecuatoriana. El gobierno del presidente Gustavo Noboa entregó 5 millones de dólares a las mesas creadas en los convenios entre el gobierno y la CONAI en el 2001 que nunca se pusieron en práctica. Esos 5 millones eran para los inmigrantes. Se pidió a través del Consulado de Nueva York cerca de 400.000 dólares para financiar La Casa Ecuatoriana por un año. Habría personal pagado y voluntario. Se alquilaría un local y se lo dotaría de las oficinas e implementos necesarios Con el tiempo se buscaría la autogestión. Se atendería el problema de los presos indocumentados contratando un abogado. Y especialmente se especificaba que la Casa Ecuatoriana sería administrada tripartitamente, vale decir, inmigrantes, parientes de inmigrantes y el gobierno. No se hizo realidad este proyecto porque el gobierno nunca entregó el dinero.

En el año de 2007, para ser exactos el 31 de Enero, el presidente Rafael Correa declara a la prensa en Ecuador que se ha creado la Secretaria Nacional del Migrante, y que su ministro es el señor Williams Murillo. Declaraba el presidente que este organismo defendería a los inmigrantes ecuatorianos presos y lucharía por la aprobación de la Reforma Migratoria Integral. Con motivo de esto escribo un artículo en los medios informativos de Nueva York dándole la bienvenida a esta feliz iniciativa. Meses después en una reunión me encuentro con el Embajador Hernán Holguín quien me dice que nuestro proyecto, se refería al de la comunidad ecuatoriana, por fin se ponía en práctica y que me invitaba a trabajar con ellos. Le dije que iba a esperar para ver como comenzaba el proyecto. A los pocos días comienzan las peleas entre quienes estaban en esa secretaria. Julio Vera con quien habíamos trabajo en inmigración desde el 2000 fue nombrado el primer director del SENAMI de Nueva York, pero tuvo que renunciar por ser esposo de la asambleísta Linda Machuca. Las peleas continuaron hasta que llegó el economista Pablo Calle y botó a todos los que no se alinean con él y Rafael Correa. Pablo Calle abandonó la dirección de la SENAMI de Nueva York sin pena ni gloria en Octubre de 2011. Luego asumió la dirección de la SENAMI Danilo Roggiero que se mantuvo al frente de ella por 7 u 8 meses ya que corren rumores que lo renunciaron por irregularidades.

Ya han transcurrido 5 años de la creación de la SENAMI en Nueva York y todo aquello que declaró el presidente Rafael Correa en Enero 2007 no se puso en práctica. La realidad es que la SENAMI se ha convertido en el brazo político de la Revolución Ciudadana y para captar militantes realiza fiestas, festivales, eventos deportivos, algunos cursos y el Plan retorno. En el año 2011 la SENAMI se gastó 3'135.951 en fiestas, cursos y el Plan retorno. También es una verdad que la SENAMI Nueva York es un centro de corrupción. No tiene escrúpulos, con tal de llevarse el dinero del pueblo ecuatoriano crean sobreprecios de sus eventos. Tal es el caso en que se unió a los consulados en septiembre 2011 con motivo del arribo del Presidente Correa a Nueva York y cobraron 350.000 dólares para contratar locales , equipos de sonido y redes telefónicas para la sabatina y eventos donde se presentó el dictador. Esos eventos solamente costaron 70. 000 dólares y además le ofrecieron en la sabatina ponerle al déspota 4.000 personas y solamente concurrieron 450. Para conseguir gente que vaya a la sabatina ofrecieron regalarles 50.000 dólares a varios dirigentes, que hoy andan hablando que los engañaron los cónsules. Y lo principal es que la comunidad inmigrante no forma parte de la SENAMI es solamente receptiva y no decide. Los verdaderos dueños son Rafael Correa, el gobierno y las personas a quienes ellos designan. No rinden cuentas y hacen su regalada gana. La SENAMI es de ellos y no de los inmigrantes ecuatorianos. Lenin Medina es un activista ecuatoriano con 44 años de residencia en los Estados Unidos y junto a la comunidad y otros dirigentes comunitarios dirigieron las campañas por la aprobación de la Doble Nacionalidad y el Voto en el Exterior.

Febrero 2012

A LA COMUNIDAD ECUATORIANA Y LATINA Y A NUESTROS LECTORES

Ecuador Latino No Acepta Amenaza de Cónsules Ecuatorianos.

Nos han hecho llegar serias amenazas verbales de que los cónsules de Nueva York van a enjuiciar al periódico Ecuador Latino y a su editor Lenin Medina por las permanentes denuncias que publicamos de la corrupción en la SENAMI y en el gobierno del tirano Rafael Correa. Lo mismo que el fraude electoral que cometen los consulados y de su politización a favor del déspota de Carondelet.

Declaramos públicamente que no callaremos con nuestras denuncias pues es parte de nuestro trabajo y de la responsabilidad como medio informativo libre y soberano.

Si nos enjuician van a derrochar en vano los millones de dólares que tendrán que pagar a sus abogados. Dinero del pueblo ecuatoriano y no de ellos.

Torpes, las ideas no se encarcelan. Aquí en Estados Unidos si reclaman derechos humanos que los niegan y conculcan en el Ecuador. Pero nosotros confiamos en la imparcialidad de los jueces estadounidenses y en su irrestricto respeto a la libertad de expresión. Y además, justificaremos nuestra defensa en la existencia de una perversa dictadura corrupta que gobierna el Ecuador y de la complicidad, calumnia y persecución permanente de que somos objeto por parte de los cónsules, la SENAMI y otras entidades públicas ecuatorianas en el exterior de la tiranía corrupta y fascista de Rafael Correa.

Igualmente haremos extensivo este juicio a la comunidad para que sea ventilado públicamente y se conozca la verdad de estos acontecimientos y también quienes están formando parte de este evento. A futuro escribiremos más notas sobre el por qué y quiénes están involucrados en estos sucesos.

El Editor

Mayo 2012

Los gobiernos fascistas
de la revolución del siglo XXI
promueven el resentimiento
y el odio para dividir al pueblo;
fungen de defensores
de los pobres y dicen
amar a la Patria,
pero lo único que aman es
al poder y al dinero.

William Sánchez Aveiga

LA SENAMI: EXPIDE PUS POR TODOS LADOS
Es Otro Ente Correísta Corrupto...

Por: Montalvo Fiajua

La SENAMI, Secretaria Nacional del Migrante es un organismo al servicio del gobierno Correista en el exterior para difundir la obra de Rafael Correa y captar nuevos miembros para el partido Alianza País. Aunque aparece disfrazado de ayudar a los inmigrantes, lo cual es falso -pues nada hace por los inmigrantes- ya que en realidad es el brazo político del correísmo en el exterior.

La SENAMI gastó 3'135.951 de dólares en el 2011 en fiestas, cursos y el plan retorno. A muchos profesores que dictaron estos cursos los hicieron firmar –con cuentos y pretextos- como que habían recibido todo el pago por sus servicios y solamente le entregaron la cuarta parte. Próximamente sacaremos estas denuncias de estafas.

La SENAMI de Nueva York que pomposamente dice representar y ayudar a los ecuatorianos residentes en los Estados Unidos y Canadá expide pus por todas partes. La corrupción es la norma de conducta diaria de sus actividades. Nada positivo hace por los inmigrantes ecuatorianos. Realiza festivales donde no paga a los artistas que residen en

Nueva York, con el cuento que no hay presupuesto. Pedimos a su director señor Danilo Roggiero que haga público los gastos que realiza la SENAMI por su buen nombre o nosotros efectuaremos por nuestra cuenta las investigaciones pertinentes publicándolas en esta columna.

Sabemos de fuentes genuinas que la SENAMI servirá de intermediaria de un ministerio del gobierno correista que entregará cerca de 400.000 dólares a un dirigente deportivo de Nueva York para que este realice actividades deportivas que contribuyan a restablecer la imagen deteriorada de Rafael Correa. Ya este mal dirigente nos comienza atacar porque sabe que se le puede hacer agua el negociazo de su vida si nosotros hablamos.

Otro acto de corrupción de la SENAMI es que está subvencionando a un periódico comunitario ecuatoriano de Nueva York para que defienda y difunda la imagen de Rafael Correa. Todos sabemos de quien se trata. Y usted, estimado lector, también lo sabe. Exactamente es aquel que usted piensa. Pronto daremos más datos de estas componendas sucias y asalariadas. Estos mercenarios nos están atacando. Pero no nos callarán. Nos atacan a través de los mercenarios y empleados de la SENAMI Julio Mora y Freddy Naranjo. Sujetos a las órdenes de dos oportunistas que permanecen agazapados esperando la oportunidad para darnos su zarpazo. Son los que se están enriqueciendo llevándose parte de la torta. Estos garroteros de siempre carecen de formación política y peor tener idea de lo que significa el marxismo o la revolución. Son asalariados contratados como guardia de choque que trabajaron en la segunda vuelta electoral del 2006 por Alvaro Noboa y lógicamente contra Rafael Correa. Estos esbirros han desplazado de la SENAMI a quienes se iniciaron en el 2007. Pero no le tenemos miedo. Ni nos callarán.

Rafael Correa y la SENAMI manejan millones de millones de dólares que le pertenecen al pueblo ecuatoriano pagando a periodistas, manteniendo periódicos, radios, canales de televisión, revistas para mal informarnos y mantener la idea mediática, ficticia de que en el Ecuador todo está bien, de

que abunda el empleo, la bonanza, de que los ecuatorianos disfrutamos del paraíso correísta y que la patria ya es de todos, de que todos los ecuatorianos somos ahora ricos, que existe libertad, democracia, que la delincuencia es un invento de la prensa corrupta. Y otras mentiras más. Y es natural y lógico que nos quieran callar. Y por supuesto, por eso nos atacan. Nosotros somos un colectivo que realiza esfuerzos inmensos para mantener en la calle y en el internet al periódico Ecuador Latino. Nadie nos financia. Y naturalmente que buscamos el apoyo de los amigos y el pueblo que lucha contra la tiranía corrupta del déspota de Carondelet. Así que no nos callarán. Y por supuesto, continúe amable lector apoyando a su periódico independiente Ecuador Latino para que se molesten más los que sabemos y los nuevos Suso Gestoso de Nueva York.
Abril 2012

Plataforma de la Unidad Democrática de los Movimientos políticos, sociales y gremiales de los Estados Unidos y Canadá contra el gobierno corrupto y fascista de Rafael Correa

• Es necesario tomar conciencia que derrocar al gobierno dictatorial, corrupto y fascista de Rafael Correa será un proceso que quizás tomará años y por tanto debemos prepararnos desde ahora;

• Para detener el caudillismo de Rafael Correa es necesario oponerle un Liderazgo Colectivo Unitario formado por las fuerzas opositoras y con una Plataforma de lucha para desbaratar el aparato represivo que ha montado la dictadura en estos cinco años de desgobierno;

• Restituir las libertades conculcadas al pueblo ecuatoriano: tales como libertad de expresión, de pensamiento, de reunión y de poder protestar pacíficamente sin el temor a ser enjuiciado por terrorismo y sabotaje;

• Tener como prioridad lograr una mayoría en las elecciones del 2013 en la Asamblea Nacional para lograr tener un organismo independiente del gobierno para de legisle y fiscalice;

• Ganarle las elecciones al dictador corrupto y fascista Rafael Correa es más difícil por la división y ambición de los partidos de que no buscan la unidad sino sus intereses de grupo;

• Luchar porque el Poder Ciudadano, el Poder Judicial, el Consejo Nacional Electoral, la Corte Constitucional y los Organismo de Control vuelvan a ser independientes del ejecutivo;

• Lograr reformar la Constitución:

• No reelección presidencial;

• Equilibrio de poderes;

• Declarar en la Constitución que el Ecuador es un país de inmigrantes;

• Crear el Instituto del Inmigrante como ente autónomo de los gobiernos e integrado y dirigido por los inmigrantes;

• Tratar de buscar la unidad de las principales fuerzas opositoras en Estados Unidos y Canadá para participar en una sola candidatura a la Asamblea Nacional para enfrentar al dictador y ganarle;

• Si esto no es posible por lo menos coordinar para hacer un control electoral total y eficiente entre todos;.

Enero 2012

ECUATORIANOS RESIDENTES EN ESTADOS UNIDOS DEMANDAN AL ESTADO ECUATORIANO Y A RAFAEL CORREA

Un grupo de once Ecuatorianos Residentes en los Estados Unidos vienen haciendo circular una carta de denuncia en la cual manifiestan que existe una campaña de intimidación y persecución por parte del gobierno ecuatoriano contra ellos, aquí en los Estados Unidos.

También cuentan de las amenazas, desprestigio, calumnias y persecuciones de que son objeto. Dicen que conocen de los riesgos y de las posibilidades que corren por sus vidas. Y que eso no los preocupa. Pero que es una cobardía que amenacen a sus familias. Por lo que desde ya responsabilizan al Estado Ecuatoriano y a sus Fuerzas Policiales de Seguridad de la Inteligencia Ecuatoriana, de los Consulados Ecuatorianos de Nueva York y Nueva Jersey, de la SENAMI y de algunos miembros del Movimiento Político del Gobierno Alianza País aquí en los Estados Unidos. El gobierno de Rafael Correa ha extendido sus tentáculos de adoctrinamiento y represión hacía el exterior.

Señalan algunos de ellos que vienen siendo atacados desde septiembre de 2007 solamente por el "delito" de protestar pacíficamente contra algunas medidas tomadas por el gobierno, especialmente contra la libertad de expresión y las prisiones a ciudadanos y dirigentes que pacíficamente manifiestan su inconformidad contra el autoritarismo de Correa.

Igualmente destacan que están denunciando a los Organismos Internacionales, tales como la Comisión Interamericana de los Derechos Humanos, de la ONU, Amnistía Internacional, al Pueblo Ecuatoriano y a la Comunidad Internacional de las amenazas y represión que se está ejerciendo sobre ellos. Además dicen que han iniciado acciones legales correspondientes por el delito federal de difamación, acoso y amenazas, al mismo tiempo que responsabilizan sobre su seguridad e integridad y las de sus familias al Estado Ecuatoriano.

Han dejado esta demanda colectiva abierta para que otros ecuatorianos perseguidos por el gobierno de Correa se incorporen. Los firmantes invocan la solidaridad de sus hermanos ecuatorianos y latinoamericanos no con dinero si no con el abrazo del amigo y las protestas: Lenin Medina, Héctor Bernabé, Nicolás Chango, Macario Quinde, Fanny Guadalupe, Miguel Malo, Vicente Mayorga, Antonio Arízaga y Clever Borja.

Lenin Medina es un activista ecuatoriano que reside en Queens. Teléfono (347) 500-9354. Correo Electrónico: leninmedina10@hotmail.com

Diciembre 2011

Ecuatorianos en EE-UU denunciamos campaña de intimidación y persecución del Gobierno del Ecuador

Denunciamos a la Comisión Interamericana de Derechos Humanos, de la ONU, Amnistía Internacional, al Pueblo Ecuatoriano y a la comunidad internacional; la campaña de intimidación y persecución a los ecuatorianos radicados en los EE-UU que no compartimos con la política del Gobierno de Rafael Correa y por el "delito" de haber manifestado nuestra oposición a que se coarte la libertad de expresión.

El pasado 25 de septiembre fue depositado en el buzón del domicilio del Dr. Héctor Bernabé un sobre en cuyo interior se encontraba una nota amenazante y hojas volantes con nuestros nombres y fotografías. Y días antes lo llamaron por teléfono para amedrentarlo según consta en la denuncia policial ya presentada para su investigación.

Volantes con 14 fotografías habían circulado en los Consulados Ecuatorianos con anterioridad a las protestas que muchos ecuatorianos hiciéramos en New Jersey y New York exigiendo al presidente Correa respete la libertad de expresión. En las que fuimos provocados y amenazados por las fuerzas de choque y seguridad del gobierno traídos del Ecuador.

En la lista de los 14 ecuatorianos nos encontramos profesionales, periodistas, dirigentes de organizaciones sociales y de inmigrantes - organizaciones religiosas y comunitarias -organizaciones indígenas y sociales, y trabajadores honestos radicados en EE-UU comprometidos con la defensa de los derechos de los compatriotas en el exterior, con los Derechos Humanos, migratorios y Laborales. Como ecuatorianos y haciendo uso de nuestro derecho Constitucional hemos mantenido nuestra posición crítica frente la prepotencia y autoritarismo del gobierno y hemos exigido la fiscalización de la Senami, la Defensoría del Pueblo y los Consulados. También muchos de nosotros participamos en la campaña de "esta vez no Sr. Presidente" en el referéndum, proceso en el que algunos dirigentes fuimos difamados, acosados y amenazados a través de correos electrónicos, diciendo que "nos tienen en la mira" y que estaban investigando nuestras actividades comunitarias y laborales-nuestra vida privada y familiar para hacerlo público y delatarnos ante las autoridades de los EEUU sobre nuestra situación.

Condenamos esta campaña de amedrentamiento, persecución y hostigamiento, acoso y amenazas contra los que pensamos diferente al partido de Gobierno, que a través de la agresión y la intolerancia ha pretendido silenciar la voz de algunos de nosotros desde el 2007. Por lo que solicitamos a las Organizaciones Internacionales la investigación de estos hechos que causan profundo daño moral, atentan a nuestra integridad y privacidad, y vulneran nuestros derechos humanos al publicar nuestras fotografías y etiquetarnos con el propósito de intimidarnos, por lo que hemos iniciado acciones legales correspondientes por el delito federal de difamación, acoso y amenazas, al mismo tiempo que responsabilizamos sobre nuestra integridad y la de nuestras familias.

Acciones como estas son propias de la prepotencia de

gobiernos dictatoriales que con la política del miedo y el amedrentamiento buscan eliminar a la oposición. Apoderarse de la justicia para legalizar la criminalización de la lucha social como instrumento de persecución, para encarcelar a los dirigentes populares en el Ecuador que luchan por los derechos laborales-de la salud y educación, la defensa del agua, contra las concesiones mineras, petroleras y madereras que atentan al medio ambiento y a la soberanía nacional, a quienes los enjuicia por terrorismo y sabotaje; liquidando el derecho a la resistencia, el derecho a disentir y afectando la libertad de pensamiento y expresión. Es hora de parar la política represiva del gobierno de Correa y cortar los tentáculos que hoy se extienden al exterior contra dirigentes de los migrantes.

Las amenazas no nos detendrán a los que amamos la libertad y la democracia, por lo que ratificamos nuestro compromiso de continuar en la lucha por alcanzar una sociedad más próspera y humanista, una patria libre y digna, sin prepotencia y autoritarismo, en la que no se encadene la libertad de expresión y no haya más desplazamiento de ecuatorianos al exterior motivados por la injusticia social y la corrupción.

"No permitamos que amordacen nuestros pensamientos. No permitamos que sigan castigando a los inocentes y beneficiando a los corruptos. No permitamos que el miedo encadene nuestras manos, No permitamos que pongan tras las rejas nuestros ideales"

New York. 6 de Diciembre del 2011

LENIN MEDINA, HÉCTOR BERNABÉ, CLEVER BORJA, FANNY GUADALUPE, MIGUEL MALO, VICENTE MAYORGA, MACARIO QUINDE, NICOLAS CHANGO Y ANTONIO ARIZAGA.

LA SENAMI Y EL NUEVO
MINISTRO DEL MIGRANTE

En enero 30 de 2007 el flamante Presidente del Ecuador Rafael Correa anunciaba la Creación del Ministerio y la Secretaria del Migrante y algunas tareas que realizarían estos entes como buscar la regularización del status migratorio de los inmigrantes, atención y búsqueda de orientar a conseguir sus servicios básicos, tales como educación, empleo, salud, defensa jurídica, etc. También habló de la creación del Banco del Migrante para abaratar costos en las remesas y canalizar esos ahorros a favor de las familias de los migrantes en el Ecuador.

Nosotros escribimos un artículo periodístico dando la bienvenida a esa feliz iniciativa porque pensamos que habría algo de ayuda a los migrantes en el exterior. Pero nos equivocamos. Nada sucedió. SENAMI no hizo nada por los migrantes y por el contrario se convirtió en el brazo político de Alianza País, el Partido Político del Gobierno.

Desde su creación la SENAMI tuvo problemas. Era el centro de peleas por su control por varios grupos políticos y de migrantes que apoyaron a Correa en la primera y los que se unieron a la segunda vuelta electoral. Hubo un director que duró pocos días, el esposo de la Asambleísta Linda Machuca. Luego otros hasta que apareció el economista Pablo Calle que votó a los voluntarios y empleados que no eran correistas. Así comienza a convertirse en el brazo político de Correa. A buscar votos. Hacer actividades que ofrezcan votos como festivales, ferias, propaganda por el gobierno. Tomarse fotos con ecuatorianos agredidos o perseguidos, como en caso de los parientes de Lucero que fue asesinado por blancos racistas en Long Island. Los parientes desmintieron las falsas ayuda que declaró Calle le habían dado. Hoy lo votaron a Pablo Calle, porque fracasó en su empeño de ser portavoz del correísmo. Le ganaron los consulados de Nueva York y Nueva Jersey en esta tarea. Los cuales también se pelean por dirigir en el exterior el Partido. Pablo Calle ha hecho pública su renuncia a la SENAMI. Se va como llegó. Un desconocido. Qué pasó por ese puesto sin pena ni gloria. Agradece a las dos anteriores ministras cuencanas que lo sostuvieron, dice "me ratificaron su confianza". Quiere decir que el nuevo ministro no le ratificó su confianza.

En su carta de despedida no rinde cuentas de su gestión. Pablo Calle nunca entregó cuentas a su gestión tan cuestionada por la comunidad. No sé conoce en qué gasto los millones de dólares que le entregó Correa.

Sobre el nuevo ministro también es un ilustre desconocido que ha llegado a los puestos de Asambleísta por Estados Unidos y Canadá y al Ministerio del Migrante por favores dudosos. No trabajó en la campaña. Es correísta por el puesto. Nunca se lo vio en la campaña electoral junto a Williams Murillo, nombrado por Correa como Primer Ministro del Migrante que según él no lo dejaron hacer nada. Correa lo acusó de mentiroso porque le dijo que tenía residencia y no la tenía. Algo parecido ocurrió con el primer Asambleísta Guido Rivas. No le bastaba con que eran ecuatorianos. Vaya defensor de los migrantes.

El nuevo ministro es Francisco Hago, que apareció como candidato recomendado y apadrinado por un Cónsul Ecuatoriano que violó la ley para calificarlo como candidato porque era empleado público y no había renunciado antes de 6 meses como señala la Ley de Elecciones y cuya candidatura fue impugnada por el también candidato Francisco Dillón. Los cónsules de Nueva York no presentaron y dieron curso a la impugnación según palabras del vicepresidente del CNE economista Carlos Cortés.

Dicen que Hago llega al ministerio nuevamente por favores de tipo dudoso, pero este mozuelo en lugar de quedarse callado le ofreció al dictador corrupto Correa unir el partido en el área Tri Estatal y acabar con la oposición contra el gobierno. La verdad es que es un muchacho de lengua suelta y sin experiencia. Hugo Chávez le dice a Rafael Correa en privado "mi Muchacho". Rafael Correa también le dice en la intimidad a Francisco Hago "mi muchacho". Vale decir, que tenemos un ministro que es el muchacho de su muchacho. Quizás logré unir a los cónsules. Que nos importa. Pero acabar con la oposición, lo dudo. Pero le vamos a dar el beneficio de la duda a este bocón.

Lenin Medina es un activista ecuatoriano que reside en Roosenvelt Island, NY. 10044. Teléfono (347) 500-9354. E-Mail: leninmedina10@hotmail.com

Noviembre 2011

JORNADAS PATRIOTICAS DE REPUDIO AL DICTADOR CORRUPTO Y FASCISTA RAFAEL CORREA

Los ecuatorianos residentes en los Estados Unidos acabamos de escribir con valor ejemplar unas páginas históricas por la libertad y la democracia ecuatoriana al denunciar frontalmente al gobierno dictatorial, corrupto y fascista de Rafael Correa. Aquí, en el área Tri Estatal -frente a frente encaramos al dictador corrupto- diciéndole las verdades que en el Ecuador todavía el pueblo no le dice por la represión –pero que ya le dirá- cara a cara.

Tuvimos tres colectivos donde participamos preparando actividades para denunciar la represión, encarcelamiento y hasta el asesinato del pueblo ecuatoriano. Lo mismo que la corrupción en el SENAMI y los sobreprecios en las obras que se construyen en el país, Pues no podemos estar de acuerdo con ese concepto aberrante que difunde la dictadura Correista "Qué roben pero que hagan obras"

Estos colectivos trabajaron independientemente: El Primero de Nueva York con Miami. El Segundo de Nueva Jersey y un Tercero realizó actividades por separado. Algunos participamos en los tres colectivos. Otros en dos y la mayoría en uno solo, tal el caso de la delegación que vino de Miami para trabajar con el colectivo de Nueva York.

Los tres colectivos participamos, en mayor o menor grado, en las diligencias para conseguir se retire el permiso adquirido por el Consulado Ecuatoriano de Nueva Jersey para realizar un evento en honor del dictador en el Colegio Secundario de Unión City. Aprovechando el desfile de la Hispanidad en Unión City donde participaron como invitados de honor varios alcaldes de Nueva Jersey nos acercamos cerca de 40 ecuatorianos a el alcalde Brian Stack para solicitarle les retire el permiso para realizar un evento en honor del dictador corrupto Rafael Correa. A la vez también se le acercaron hermanos latinoamericanos: colombianos, dominicanos, cubanos, venezolanos residentes en Nueva Jersey para hacerle la misma petición. El alcalde-Senador Estatal manifestó desconocer los antecedentes funestos de éste personaje. Dijo que la cónsulesa ecuatoriana solo le dijo que era una fiesta de Arte y Cultura Ecuatoriana y que iba a retirar la autorización. Los cónsules ecuatorianos de Nueva Jersey, Nueva York, delegados de la Cancilleria –que no son de Carrera si no de la cuota política del dictador- siguieron presionando al alcalde Brian Stack hasta amenazarlo con un plantón frente a sus oficinas. Pero el alcalde se mantuvo en su decisión de no permitir el evento de Homenaje a un Dictador que persigue a periodistas como Emilio Palacio, Carlos Calderón, entre otros. Al igual que a diarios como El Universo. Si querían realizar el evento lo hagan en otro lugar particular y no público, como finalmente lo realizaron en el Teatro Ritz de Elizabeth.

Este acontecimiento de retirar el permiso del Salón de Honor del Colegio Secundario de Unión City para el Homenaje al Dictador Corrupto Rafael Correa tuvo repercusiones mundiales al trascender las noticias que originaron varias interpretaciones. El dictador dijo: "que lo habíamos hecho famoso porque ahora lo conoce el mundo". Pero él bien sabe que es verdad que lo conoce el mundo, pero no como un hombre honesto, democrático y respetuoso del ser humano si no como dictador corrupto y fascista. También el dictador corrupto y fascista manifestó: "Qué quienes defienden la libertad de expresión en el Ecuador se la niegan en Unión City". No es verdad. Nosotros si respetamos y respetaremos la libertad en su totalidad porque supimos aprender de los revolucionarios franceses sus enseñanzas. "No estoy de acuerdo con lo que piensas, pero daría mi vida por defender tu pensamiento". Lo que nosotros no queriamos es que se le rinda homenaje en un local público porque diría que la ciudad de Unión City le hacia un homenaje. Qué le hagan un homenaje sus empleados y simpatizantes y no la ciudad. También nos llamó gusanos, que falta de originalidad. Es un burdo copión. El dictador corrupto por tres días habló con toda libertad y estuvo en Nueva Jersey recibiendo el Homenaje ante 300 personas reunidas en el Teatro Ritz el viernes por la noche y afuera con permiso de la policia y pacíficamente repudiamos sus acciones totalitarias y represivas en nuestro país.

En un resumen breve de las jornadas patrióticas de repudio al dictador corrupto y fascista Rafael Correa podemos iniciarlas con las tres protestas que se hicieron en las afueras de la Organización de las Naciones Unidas, ONU durante todo el día viernes 23. El Tercer Colectivo estuvo con pancartas, gritos y lluvia desde las 10:00 A. M. en la Segunda Ave. y calle 42 a la entrada de las delegaciones. Otra parte del Tercer Colectivo estuvo en la calle 47 y Primera Ave. con pancartas desde las 11:00 A.M. hasta las 13:00. Luego el Primer Colectivo estuvo en la Primera Ave y calle 47 desde las 15:00 hasta las 17:00 con letreros, gritos y lluvia.

Por la noche estuvimos en Elizabeth en el Teatro Ritz como lo mencionamos anteriormente. En esa noche es cuando más cerca estuvimos del dictado corrupto y fascista Rafael Correa, pues lo sorprendimos y lo filmamos bostezando y le gritamos fuertemente sus acciones negativas para con el pueblo ecuatoriano en el país y se ocultó en el carro. Y huyó cobardemente para entrar por la puerta de atrás del teatro Ritz.

El día sábado 24 de Septiembre estuvimos desde las 8:00 de la mañana en las afueras del Queens College, local conseguido por un Asambleísta Estatal, para realizar las perversas sabatinas de insultos, calumnias y ataques a la dignidad humana. Protestamos valientemente y nos mantuvimos de pie a pesar de los ataques, insultos de los funcionarios de los consulados, SENAMI, guardias de choque traídas en el avión presidencial, y al apoyo de las brigadas chavistas y sandinistas. La mayoría en ambos lados éramos ecuatorianos. Pero también hubieron en ambos lados hermanos latinoamericanos. Tal el caso de dos hermanos puertorriqueños que se gritaron. Especialmente de una puertorriqueña nacionalista del lado de Correa contra un compañero puertorriqueño socialista que estaba de nuestro lado. Nuestras protestas fueron pacíficas. De gritos y gritos de ambos lados no pasaron.

Los consulados, la SENAMI y los dos Asambleístas de Alianza País están recopilando información y fotografías de quienes manifestamos contra el dictador corrupto fascista, para pasarla a la Gestapo que ha creado Correa en el Ecuador. En lo que respecta a mi, me tiene sin cuidado. A las llamadas amenazantes no respondo. No discuto con recaderos. Estos quieren justificar los cerca de 300.000 dólares que cobraron al dictador para recompensar su ego y vanidad. Aunque apenas reunieron en tres eventos Nueva Jersey 300 personas, Nueva York, desayuno 120 y Queens College, sabatina 400 personas. Eran los mismos que fueron a los tres actos y que engañan con adulos y fanatismo al soberbio y vanidoso buzón de Carondelet. Qué pírrico triunfo.

Como resultado de estas jornadas patrióticas realizadas por cerca de centenar de personas de diferentes tendencias políticas desde la derecha, centro e izquierda y hasta otros que no somos afiliados a partidos políticos, juntos coordinamos acciones para combatir al dictador corrupto, en los lugares que se presentó. Los gastos modestos lo

cubrimos nosotros mismo. Somos aguerridos con nobles ideales. Ahora nos estamos organizando al crear la Coordinadora Nacional de Ecuatorianos en el Exterior para ganarle las elecciones al fascista Rafael Correa y sus secuaces en enero de 2013. No hay directivas. Primero queremos integrar a más ecuatorianos. Pronto aparecerán los llamamientos públicos. Intégrate. Pueden llamar al teléfono (347) 500-9354 o escribir correo electrónico: E-Mail: leninmedina10@hotmail.com
El Diario, Octubre 1, 2011

LOS INDIGNADOS DEL MUNDO SE REBELAN EN 82 PAISES Y 951 CIUDADES CONTRA SUS GOBIERNOS QUE CONCENTRAN PODER Y RIQUEZA

Un fantasma recorre el mundo. El fantasma de los indignados. Son las rebeliones de los pueblos contra sus gobiernos. Han tomado conciencia que los explotan. Que nada hacen por crear trabajos, brindar educación gratuita y de calidad, atender sus necesidades básicas, fundamentales para construir una vida digna y decente junto a sus hijos y miran que por lo contrario, gobiernan para sus grupos, son corruptos con la administración de los presupuestos estatales y de las ciudades, concentran las riquezas en pocas manos, reelecciones sucesivas con fraudes electorales, encuestas falsas de popularidad, campañas millonarias mentirosas donde mencionan de que sus pueblos viven disfrutando de todas las comodidades y que son inmensamente felices, etc. etc.

De todos es conocido que el poder corrompe. Somos amigos de los pueblos que habitan la tierra, no así de sus gobiernos, que en mayor o menor grado son corruptos, mentirosos y concentran el poder para ellos y sus grupos. De esto se han dado cuenta los pueblos y ya no confían en ningún tipo de gobierno: ya sea conservador, demócrata, socialista, nacionalista, fascista, socialista del siglo XXI, islamista, militarista. De Oriente, de Occidente, o de cualquier país del mundo. Ya los pueblos no confían en sus gobiernos. Quieren amor, libertad, justicia, trabajo, oportunidades para realizar sus sueños de un mundo mejor. Un mundo más equitativo, con posibilidades de trabajo y descanso, de disfrute de la familia y de la naturaleza. Una revolución sin caudillos, líderes, jefes. Donde las decisiones se toman colectivamente. Donde existe un liderazgo colectivo.

Los países capitalistas o aquellos que se llaman socialistas han defraudado a los pueblos. El mercado o el estado no son las panaceas. Ahí está la actual crisis económica mundial. El mercado necesita controles por parte del estado y el estado debe ejercer la suplencia y desregularización. Hay que promover las otras formas de propiedades, especialmente la propiedad social. Debemos propiciar una sociedad de pequeños propietarios. Para que nadie trabaje para nadie y acabar con la dependencia económica que es la nueva y verdadera esclavitud del hombre.

El 15 de octubre pasado, los Indignados hicieron oír sus sonoras voces en 82 países y 951 ciudades del mundo. Cerca de medio millón en Londres. En Italia millares salieron a las calles. En Ecuador ya se levantaron contra el déspota corrupto Rafael Correa. En Chile, en Brasil, y en República Dominicana fueron multitudes las que se reunieron. Ya pronto se levantarán las protestas contra Chávez, Ortega y compañía. En los Estados Unidos cada día crece más y más el movimiento de los indignados u Ocupa Wall Street. Todos los gobiernos del mundo tiemblan ante el movimiento de los indignados. Adelante con paso de vencedores.

Lenin Medina es un activista latino que reside en Roosenvelt Island, NY. 10044. Teléfono (347) 500-9354. E-Mail: leninmedina10@hotmail.com
El Diario, Septiembre 2011

EN LAS ELECCIONES PASADAS EL GRAN GANADOR FUE EL AUSENTISMO CON 5'300.000

Por: Lenin Medina

En las elecciones pasadas para elegir asambleístas el gran ganador fue el ausentismo con 5'300.000. Según el padrón electoral en el país hay 9'300.000 empadronados en cifras redondas, De los cuales solamente votaron 4'000.000, habiendo alcanzado el gobierno 2'806,004 votos aproximadamente el 70% de los 4 millones de votantes que representa el 43% . Estas cifras demuestran -que a pesar del fraude- Rafael Correa no ganó abrumadoramente. Que los ecuatorianos no fueron a las urnas a respaldarlo. Correa gana la mayoría en la asamblea con 2'806.004 votos de 9'300.000 ecuatorianos aptos para elegir, vale decir, Correa gana con apenas 31% lo cual no es la mayoría de los ecuatorianos aptos para sufragar.

Estos resultados tiran a la basura todas las declaraciones exageradas del gobierno de "triunfo histórico","" apoteósico ", "que barrimos", etc.

En los Estados Unidos y Canada fue mayor el ausentismo pues solamente votó el 36 %, de este porcentaje Correa logró el 47.51%

Resumiendo el gran ganador fue el ausentismo y no Rafael Cprrea. En el futuro quien logre motivar a que salgan a votar a esta verdadera mayoría será quien logre triunfar.

Mayo 2009

RAFAEL CORREA REELECTO CON 51.7%. PERO BAJO 20 PUNTOS AUN NO ALCANZA LA SIMPLE MAYORIA EN LA ASAMBLEA: 63 VOTOS

Adios Democracia, Adios Dignidad.

SE HA IMPLANTADO EL TERRORISMO, EL MIEDO, LA TIRANÍA...

ECUADOR
ESTAMOS EN DICTADURA

CONSULTA POPULAR
REGALADA

El economista Rafael Correa fue reelecto presidente del Ecuador con el 51.7% de los votos validos, vale decir, sin contar los votos nulos y en blanco. Sus listas para asambleístas lógicamente sacaron menos votos que no le alcanza para tener la simple mayoría, los 63 votos. Lo cual lo llevará a tener que negociar esa mayoría.

Luego de una campaña nunca antes vista en el país. Con un derroche de cerca de 500 millones de dólares por parte solamente de Correa. Poniendo la estructura y poder del estado a su favor. Regalando bonos, urea y ofreciendo todo lo que sea. Teniendo el Consejo Nacional Electoral a su total servicio. Lo mismo que el Congresillo y los demás organismos del estado. Recorriendo el país en el avión presidencial. Además convirtiendo los consulados ecuatorianos del mundo en centrales políticas del gobierno. Rafael Correa no logró alcanzar la votación de la anterior campaña del Referéndum o de los asambleístas constituyentes pues bajó aproximadamente 20 puntos.

Fue una campaña desigual. Correa acaparó el 90% de la publicidad en los medios y apenas un 10% coparon sumados los otros 7 candidatos. Prohibía expresamente a través del CNE que los demás candidatos gastaran más de 650.000 dólares en publicidad en todos los medios. Cualquier candidato con tan grande inversión y poder, hubiese sacado el 90% de los votos.

Pero la realidad es que Rafael Correa fue reelecto con el 45, 37% sumados los votos nulos y en blanco. Perdió aproximadamente 20 puntos comparado con la última elección. Lo que significa que un millón de ecuatorianos se decepcionaron del gobierno del déspota. Y lo peor es que no ganó con el cincuenta por ciento. Ganó con 20 puntos de diferencia del segundo candidato Lucio Gutiérrez.

En los Estados Unidos y Canadá vivimos 3 millones de ecuatorianos y solamente podemos votar 33.000. En Nueva York se cree que vivimos un millón de los cuales 11.700 se encontraban empadronados para votar en un solo lugar: en Queens, en una escuela pública. Las irregularidades fueron tremendas por parte del Consulado General y los encargados de dirigir el proceso electoral. La maquinaria dió resultados y fueron declarados ganadores los gobiernistas Correa, Cordero, Hagó y Machuca. Los votos por los demás candidatos desaparecieron en el escrutinio. El fraude resultó. Los esbirros y acólitos del gobierno salieron a festejar. Los ecuatorianos libres también debemos festejar la hidalguía y madurez del pueblo ecuatoriano. Es el comienzo del final de la corta noche del dictador Correa.

Para quienes nunca hemos comulgado con las dictaduras, sea del tipo que sea. Pues somos partidarios de los trabajadores pero no creemos ni aún en la dictadura del proletariado, porque amamos la libertad. Nos sentimos felices ver que el pueblo ecuatoriano ha comenzado a darse cuenta que quiere y necesita cambios pero respetando la libertad. Ojalá el economista Rafael Correa recepte el mensaje que le mandó el pueblo ecuatoriano a través de las urnas y rectifique su manera de actuar y comience a gobernar y solucionar los graves problemas que aquejan a nuestro pueblo. En caso contrario lo pueden echar de su trabajo.

Las lecciones que nos dejó este proceso electoral son innumerables. Desde hace 50 años no habíamos asistido a unas elecciones con tantas irregularidades. El gobierno dictatorial de Rafael Correa extendió sus tentáculos hasta el exterior, ya que muchos fuimos perseguidos, vigilados y calumniados por las autoridades consulares. Quien escribe esta nota fue impedido de votar a pesar de estar empadronado, tener pasaporte y cédula de ciudadanía. Seguiremos adelante con las denuncias de las irregularidades que se dieron en el proceso eleccionario ecuatoriano en el exterior. Y que hicimos públicas. Sabemos que estamos expuestos a la represión y la difamación que es el arma favorita de esta dictadura del falso socialismo y de la falsa revolución. La verdadera revolución aún no se da, pues la debe realizar el pueblo ecuatoriano sin tutores, caudillos o déspotas.

• Lenin Medina es Presidente del Comité Voto en el Exterior y reside en Nueva York. E-Mail: votoecuaexterior@hotmail. com

Mayo 2, 2009

RAFAEL CORREA SAQUEA EL IESS

El gobierno de Rafael Correa ha obligado al Instituto Ecuatoriano de Seguridad Social, IESS a entregarle de los dineros de los afiliados 1500 Millones de dólares a cambio de papeles-bonos para dizque cubrir su déficit presupuestario. Correa con cinismo inaudito declaró que si eso lo habían realizado otros gobiernos antes porque él no podía también hacerlo. Es verdad que era una práctica vergonzosa, que siempre la ciudadanía la repudió como esperamos lo haga ahora. Lo que Correa oculta y no dice es que ayer como hoy los dineros de los afiliados del IESS sirvieron para costear y ganar campañas electorales. Por eso el IESS era apetecido por los partidos políticos que buscaban controlarlo nombrando a sus directores. Hoy hemos vuelto a esa vieja y sucia práctica con el gobierno de la seudo Revolución Ciudadana capitaneada por el nuevo dueño del país el Rey Rafi Ráfico I. Correa quiere perpetuarse en el poder y ganar la reelección con una parte de esos millones.

Otra parte irá a parar a sus bolsillos, a los de sus hermanos y al buró político conducido por los "Patiños". El resto será para las dádivas que ofrece para conseguir votos y aplausos. Estamos de acuerdo que esos dineros se queden en el Ecuador y sean invertidos en el desarrollo del país pero no que vayan a parar a los bolsillos de los gobernantes o financien campañas electorales.

Rafael Correa controla el Consejo Nacional Electoral, organismo que va a dirigir el proceso electoral, lo cual pone en duda la verticalidad de su actuación. Ya hemos visto los fraudes y la utilización nefasta que ha hecho Correa de los organismos electorales en las dos últimas elecciones: Asambleístas y Referén Con las llamadas franjas publicitarias pagadas por el organismo electoral impide que sus opositores realicen publicidad en los medios informativos y solamente él lo pueda hacer. Quiere la exclusividad. Y los organismos electorales se la dan. En el exterior utiliza a los consulados y embajadas como estructuras políticas para conseguir votos. A penetrado en organizaciones de emigrantes corrompiendo con ofrecimientos y falsas promesas para ponerlas a su servicio.

Ya es tiempo que los ecuatorianos y el mundo tengan claro que Rafael Correa Delgado no es socialista y peor revolucionario. Es un oportunista que está saqueando el país. Es un "socio listo". Hay que conocerlo no por lo que dice sino por lo que hace. Es un ambicioso que quiere perpetuarse en el poder. Les ha dicho a sus esbirros que va a estar 30 años o más en el gobierno. Este mediocre e incapaz en privado se compara con Bolívar, El Che, Fidel y otros. Como bien señala César Montúfar en su artículo "Los Reyes desnudos" del Comercio, Enero 7 de 2009. Correa tiene popularidad pero no capacidad para resolver los problemas del Ecuador. Con dos años en el gobierno aún no cumple ninguna de sus promesas de campaña.

Rafael Correa ha comenzado su campaña por la reelección demostrando lo que es: un pirata. Un salteador de los dineros del pueblo ecuatoriano. No rinde cuentas a nadie. Los organismos de control callan, son sus cómplices. No en vano fueron nombrados por él. El "Congresillo" y sus levanta manos se niegan -por miedo- a fiscalizarlo. Viola la Constitución a cada instante. Persigue perversamente a sus opositores y a quienes no se suman a sus huestes. Hay de aquel que se atreva contradecirlo. Para eso tiene a los fiscales, jueces y las cárceles. Rafael Correa ya no es autoritario. Ahora es dictador.

leninmedinaf@hotmail.com

Marzo 2009

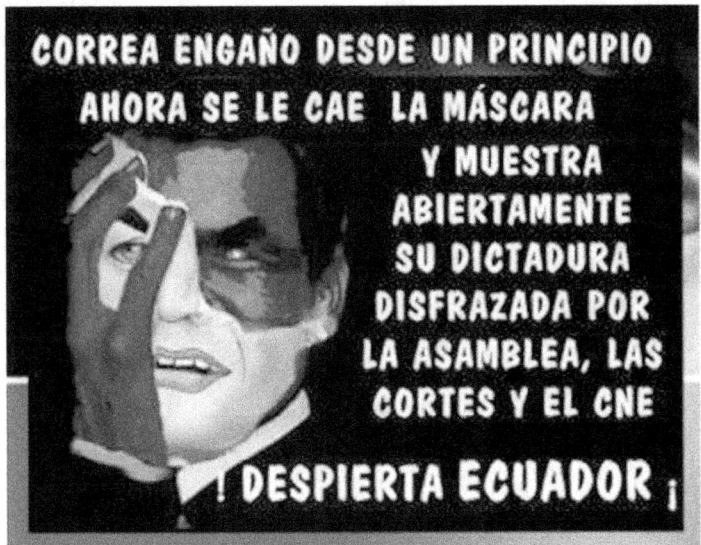

PROHIBIDO OLVIDAR

TENDRÁN QUE RENDIR CUENTAS ANTE EL PUEBLO!

CORREA ENGAÑO DESDE UN PRINCIPIO
AHORA SE LE CAE LA MÁSCARA
Y MUESTRA
ABIERTAMENTE
SU DICTADURA
DISFRAZADA POR
LA ASAMBLEA, LAS
CORTES Y EL CNE

¡ DESPIERTA ECUADOR ¡

EL TRIUNFO DEL DICTADOR RAFAEL CORREA HA DESLEGITIMADO EL PROCESO ELECTORAL Y A LA ASAMBLEA.

Según las informaciones de la prensa ecuatoriana la Organización Participación Ciudadana ha entregado resultados extraoficiales de las elecciones del domingo pasado, 30 de Septiembre, donde el dictador Rafael Correa alcanzó un 70% de la votación en el Ecuador lo cual le daría cerca de 80 asambleístas. En el exterior se llevó los 6 asambleístas pues allí fue más descarado el fraude realizado por los consulados. El resultado de 70% de la votación con tantos candidatos demuestra claramente el más escandaloso y perverso fraude. Posiblemente tan elevada cifra sea un record en la historia del país e igualmente señala la estupidez de quienes realizaron el fraude al poner tan exageradas cantidades. Correa estableció un Estatuto Electoral, que fue aprobado en la Consulta Popular, donde pregonaba la igualdad de todos los candidatos a realizar propaganda en televisión, prensa escrita, radio y vallas pagadas por el estado e impedía hacer campaña a los candidatos en esos medios con su dinero, a pretexto de igualdad. Correa violó este Estatuto Electoral a cada instante y gastó 50 millones de dólares de los fondos públicos pertenecientes al pueblo ecuatoriano y no hay un organismo que lo fiscalice. El dictador Rafael Correa ha deslegitimado el proceso electoral y a la Asamblea, la cual nacerá espuria. Nosotros fuimos partidarios, antes que él, de la Asamblea Constituyente y el cambio social para instaurar una patria donde haya libertad, democracia y bienestar. Correa ha traicionado y mentido al pueblo. Aunque el gobierno lo niegue el Ecuador se encuentra dividido. Las últimas encuestas le daban un 50% en la intención del voto a la baja. No alcanzaba la mayoría de los 66 asambleístas.

El gobierno de Correa compró al presidente del TSE, Jorge Acosta y a varios vocales lo que le dieron una mayoría. Este timorato tribunal permitió todos los excesos fraudulentos del dictador e impedía que los demás candidatos hicieran campaña bajo la amenaza de descalificarlos. El gobierno de Correa implementó medidas clientelares que le dieron rédito electoral como el aumento de 15 dólares al bono de la pobreza, una dádiva humillantes creada por Mahuad en 1999, aumentó el bono de la vivienda, regaló cilindros de gas, entregó créditos al agro, subsidios, aletas de tiburón, libros y desayunos escolares y otras medidas populistas y no revolucionarias No va al fondo del problema, pues son paliativos.

El dictador Correa luego de su triunfo fraudulento ha declarado que el próximo año habrá elecciones para renovar todas las dignidades en el Ecuador, incluida la suya. Debemos comenzar a prepararnos para enfrentarlo ya que tratará de repetir su campaña electoral y maniatar a la oposición, dividirla e impedir haga promoción de sus candidatos, denuncias y tesis. Nos hará lo mismo que ahora y con las leyes que pase en la Asamblea Constituyente a su favor, donde pondrá un TSE a su gusto y medida, lo mismo que los demás organismos. Concentrará en sus manos todos los poderes del estado y saqueará en su provecho y de su camarilla "Patiñovideos" los fondos públicos.

Es necesario analizar la nueva   política que debemos

elaborar para enfrentar con efectividad al dictador Correa pues los partidos tradicionales que surgieron en 1978 y sus propuestas han fracasado y desaparecido Deben renovarse.. Los nuevos movimientos deben ir más allá de la recolección de firmas y formular proyectos aislados a la formación de cuadros con estructuras e identidad. La unidad es importante.

Por desgracia el pueblo ecuatoriano no tiene formación política o ideológica, pues vota por personas, caudillos, líderes como Correa, Gutiérrez, Noboa, Nebot, Febres Cordero, etcétera. etcétera.

Correa no es socialista o capitalista. Es un oportunista ególatra que quiere perpetuarse en el poder y concentrar en sus manos todos los poderes y su camarilla lo secunda solamente para enriquecerse, No habrán cambios sociales. Su socialismo y el cambio es en el discurso. Correa es tan mediocre que copia el discurso y camino de su ídolo Hugo Chávez. Tenemos que comenzar ya a organizar la oposición, la resistencia y a desenmascarar al déspota de Carondelet. Mayo 2007

RAFAEL CORREA YA EMPEZO LA CAMPAÑA DEL SI POR EL REFERENDUM

SEÑORA PATRICIA OCHOA DE GABELA, NO ESTA SOLA, ECU... ...TA PENDIENTE DE SU CASO Y DE QU... ...SE NADA A USTED Y A SU HIJA...

LA MUERTE DEL GENERAL GABELA NO QUEDARA IMPUNE, TARDE O TEMPRANO, LA VERDAD SALDRA A LA LUZ. EL DINERO COMPRA CONCIENCIAS

COMPARTE EN SEÑAL DE APOYO A JUSTICIA POR MUERTE DEL GENERAL GABELA!...

Por: Lenin Medina

El gobierno de Rafael Correa ya comenzó la campaña del SI para que el pueblo ecuatoriano apruebe la nueva Constitución que aún continua elaborando la Asamblea Constituyente donde tiene amplia mayoría. De todos es conocido que a Correa le fascinan los procesos electorales. Todo su gobierno ha sido una permanente campaña electoral. Pero consideramos que ya debe comenzar a gobernar para solucionar los graves problemas que tiene el país. Con año y medio en el poder todavía no inicia el cambio ofrecido en la campaña del 2006. La Asamblea Nacional Constituyente fue aprobada su convocatoria por un 80% del voto popular y estamos esperando el trabajo de los asambleístas que apenas llevan aprobados 57 artículos, una sexta parte de la Constitución. Los asambleístas se han prorrogado dos meses más para terminar la nueva Constitución.

Iniciar prematuramente una campaña por el SI cuando aún

no hay una Constitución terminada nos parece ridículo, por decir lo menos.

Todo hace pensar que la razón de haber comenzado la campaña del SI se debe a las encuestas que dicen que el pueblo ecuatoriano se comienza a dar cuenta que Correa también les miente, que el cambio prometido no llega. Que si es verdad que no es el mismo de siempre, pero si continua la corrupción de siempre. Las encuestas le decían que estaba en peligro la aprobación de la nueva Constitución y de allí su nueva estrategia de adelantar la campaña del SI. Crear su campo de acción y querer definir el escenario y sus actores. Correa se apresta a librar su gran batalla. Quiere ganar a toda costa. Al precio que sea. Gastará millones de dólares en publicidad de los dineros del pueblo. Hará fraude, tal como lo hizo para elegir a sus asambleístas. Tratará de repetir la campaña por la Asamblea. Tiene a su favor el TSE y los organismos de control. Dará su vida si es preciso por ganar el referéndum aprobatorio de la nueva Constitución. Para lo cual será el comandante en jefe, el caudillo y dictador.

Ya mandó a callar a sus asambleístas y partidarios. No se va a discutir la Constitución.

¿Para qué?. Si Correa es el nuevo Profeta, el Dios que hay que creerle porque es infalible.

Volverá al mismo discurso de siempre: partidocracia o es que también se convirtió en partidocracia. :"Políticos corruptos, banqueros ladrones" no han sido sancionados. Solamente son sus excusas. Ya escogió a sus oponentes: Lucio Gutiérrez y Alvaro Noboa, a los cuales los ha fustigado duramente amenazándolos con la prisión. Pero todavía nada. Es maniqueo. Se olvida del pueblo ecuatoriano. No conoce su alma, su intuición. Tenga cuidado señor Correa. No juege con fuego. Además tiene un proyecto de mandato electoral donde adelantará las elecciones por el referéndum para el 14 de septiembre, para lo cual desconocerá el artículo 23 del estatuto que aprobó el pueblo ecuatoriano en la Consulta. Allí también asigna 36 millones de dólares para el referéndum. No se detiene ante nada. El Estado es Correa. La ley es Correa.

Las mencionadas encuestas señalan que más del 70% de pueblo ecuatoriano no se ha pronunciado sobre el referéndum. Es lógico. Aún no conocemos en su totalidad el texto de la nueva Constitución. La Asamblea dice que los está redactando. El pueblo tiene derecho a conocer todo el texto Constitucional, debatirlo públicamente y luego aprobarlo. ¿ A qué le teme señor Correa?. Ya deje de lanzar cortinas de humo y resuelva en el Ecuador el desempleo, la carestía de la vida, la delincuencia, el éxodo de emigrantes, etcétera, etcétera. Los pueblos ecuatoriano y colombiano son hermanos por tradición e historia. La polémica farsante que mantiene con el presidente Uribe solamente beneficia en popularidad a ambos. E-mail: leninmedinaf@hotmail.com Teléfono (646) 418-5496
2008

LA ASAMBLEA CONSTITUYENTE
Y UNA POLITICA DE ESTADO
PARA ECUATORIANOS
EN EL EXTERIOR

Los ecuatorianos residentes en el exterior somos aproximadamente más de 3.5 millones, vale decir, que el Ecuador es un país de inmigrantes ya que una cuarta parte de su población vive fuera de sus fronteras. En el año 2006 enviaremos 2500 millones de dólares según el Banco Interamericano de Desarrollo, BID. De los cuales 1750 millones son enviados por más de 2.5 millones de ecuatorianos que residimos en Estados Unidos. En los últimos 20 años hemos mandado al Ecuador 30.000 millones de dólares.

Cada vez que ha habido guerras y catástrofes naturales se ha manifestado la solidaridad de los ecuatorianos en el exterior. Aportamos una cantidad económica no cuantíficable con el envío de recursos para comprar casas, establecer negocios, pasajes, aparatos eléctricos, ropa, depositar en bancos, etcétera, etcétera. Ante la desidia de los gobiernos ecuatorianos.

Consideramos que ya es tiempo y necesario que el actual

presidente electo, Rafael Correa, inaugure una política de estado a favor de los ecuatorianos residentes en el exterior.

Pues hasta ahora lo que ha conseguido la comunidad ecuatoriana en el exterior ha sido por su propio esfuerzo y a través de sus organizaciones, tales como la Doble Nacionalidad, el Voto en el Exterior, las regularizaciones de los trabajadores indocumentados, entre otros derechos y ante la indiferencia de los poderes del estado ecuatoriano.

Los gobiernos ecuatorianos que se sucedieron en estos 27 años, después del retorno al régimen civil, solamente realizaron una o dos cosas a favor de los inmigrantes como poner o quitar papeles que facilitaban el ingreso o salida del país, crear uno o dos consulados. En el año 2001 con motivo de la creación de las mesas de diálogo de la CONAI con el gobierno del presidente Gustavo Noboa se creó el Programa de Ahorro, Inversión y Crédito con un presupuesto anual de 5 millones de dólares y 11 millones de dólares como fondo inicial. Este programa nunca funcionó porque era muy burocrático con siete representantes de los ministerios y dos de los inmigrantes. Como la propuesta la hizo la CONAI los delegados de los inmigrantes fueron de sus bases, pero todo el proyecto terminó en manos de la Cancillería Ecuatoriana que hizo desaparecer los dineros en pago de arriendos, y otros menesteres de los consulados del mundo, pero los inmigrantes jamás vimos este dinero. Una Comisión del Congreso investiga estas irregularidades pero como siempre borrón y cuenta nueva.

El gobierno del Coronel Lucio Gutiérrez también se comprometió, a petición de algunas organizaciones comunitarias a realizar una Política de Estado para los inmigrantes pero no cumplió su promesa. Creó la Agencia del Inmigrante con rango de ministerio y dependiendo directamente del presidente. Igualmente fue un fracaso porque no consultaron a los inmigrantes sobre como debería ser estructurado el ente y nombraron a un Dr. Falconí que nada sabía de inmigración. Pero eso si se gasto 1 millón de dólares del dinero de los inmigrantes en folletos, DVD, y propaganda a favor del gobierno.

Frente a este panorama desolador se hace necesario que las organizaciones comunitarias y los residentes en el exterior apoyemos la convocatoria a la Asamblea Constituyente para crear los organismos que canalicen y defiendan nuestros derechos. Esta Política de Estado debe ser discutida por toda la comunidad para tratar de llegar a un consenso, de ser posible. No es que estamos pidiendo que las organizaciones se politicen u olviden sus fines específicos. A todos nos interesa que tengamos entes que velen y defiendan nuestros derechos. La mayoría de los ecuatorianos en el exterior no pudimos votar el 15 de octubre, ni el 26 de noviembre, pero lo hicimos por fin. Lo que queremos es que se hable de hacer una Política de Estado que por ejemplo vaya a la creación del Instituto Nacional del Inmigrante del Ecuador para que elabore un Programa Integral del Inmigrante. Se debe crear el Banco Nacional del Inmigrante para abaratar costos y encausar esos dineros a favor de las familias de los inmigrantes que viven en Ecuador. Debemos ya construir nuestro gran sueño La Casa del Ecuatoriano para que oriente y ayude a buscar trabajo, atención médica, educación, regularización, recreación y todo lo necesario para facilitar la permanencia de los compatriotas. Tener representación política en el Congreso Nacional del Ecuador de acuerdo a las leyes al número de habitantes. Estas son algunas ideas que pueden servir para la discusión de la necesidad de crear una Política de Estado a favor de los inmigrantes ecuatorianos a ser presentadas en la Asamblea Constituyente E.Mail: leninmedinaf@hotmail.com Tel. (646) 418-5496. Agosto 2007

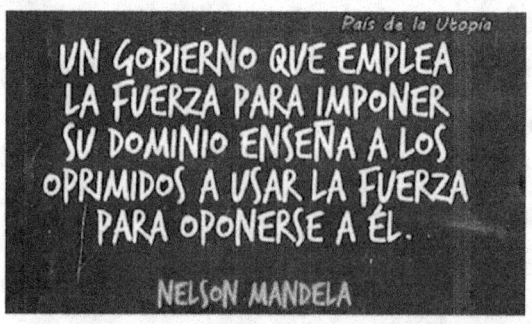

País de la Utopía

UN GOBIERNO QUE EMPLEA LA FUERZA PARA IMPONER SU DOMINIO ENSEÑA A LOS OPRIMIDOS A USAR LA FUERZA PARA OPONERSE A ÉL.

NELSON MANDELA

ECUATORIANOS EN NUEVA YORK RECHAZAN PRESENCIA DEL DICTADOR RAFAEL CORREA

- El Mashi en la última cena preguntó a Juan: "¿Y dónde está Pedro?" Y Juan respondió: "se fue para Miami"

Varias organizaciones y activistas ecuatorianos realizaron muestras de protesta frente a la presencia del dictador Rafael Correa en su visita a Nueva York para asistir a las sesiones de la ONU y realizar campaña política a favor de los candidatos de su partido político.

El domingo 23 de septiembre se apostaron enfrente a la Iglesia Santa Brigida de Brooklyn donde Correa realizaba un mitin político a favor de los candidatos del gobierno en los Estados Unidos los cuales se encontraban junto a él. Los manifestantes le gritaban dictador..., dictador... y que estaba engañando a los emigrantes, pues en ocho meses de su gobierno nada había hecho por ellos.

El presidente Rafael Correa en Miami y Nueva York acusó al activista ecuatoriano Lenin Medina, uno de los dirigentes de estas protestas de pertenecer a la partidocracia porque había encabezado con su firma un comunicado en su contra donde analizaban el gobierno de Correa y sus promesas incumplidas. La policía tuvo que intervenir varias veces para impedir los enfrentamientos y el acalorado cruce de gritos.

111

Los ecuatorianos que protestaban denunciaron y acusaron a la guardia de choque de los venezolanos chavistas y a los emepedistas asalariados de intentar agredirlos ya que ellos tuvieron actitudes pacificas, pero firmes de rechazo al dictador

El día lunes 24 continuaron las protestas por la presencia de Correa y esta vez fue frente a la Organización de las Naciones Unidas en la Cumbre Mundial sobre el Cambio Climático donde decenas de ecuatorianos con letreros y pancartas rechazaban la presencia del dictador Correa. Intervinieron varios dirigentes los cuales señalaron los errores del gobernante.

Lenin Medina también habló en esta ocasión para destacar que el no pertenece a la partidocracia y que viene por décadas luchando por el cambio social en el Ecuador. Mencionó que mientras el luchaba el año 2000 para que se realice la Asamblea Constituyente y los cambios que el país necesita, Correa disfrutaba de las prebendas de burócrata dorado como asesor de los gobiernos de turno, pues aparece en la política en el 2005 como Ministro de Finanzas del presidente Alfredo Palacio.

Igualmente señaló que el Ecuador necesita cambios, pero no los que propone el presidente, pues el país debe buscar su propio camino de acuerdo a sus realidades y no copiar ningún modelo extranjero, como antes lo ha hecho.

Septiembre 2007

EVENTO DE REPUDIO AL DICTADOR CORRUPTO CORREA DELGADO AFUERA DE NACIONES UNIDAS

En el mes de septiembre vendrá a Nueva York, a las Naciones Unidas, el Dictador Corrupto Rafael Correa. El Comité Por el Desarrollo Humano, la Justicia Social y la Libertad en el Ecuador está organizando un evento masivo de repudio al Dictador Corrupto Rafael Correa, en la afueras de las Naciones Unidas –Primera Avenida y calle 46, en Manhattan. Estamos invitando a los ecuatorianos residentes en el área Tri-Estatal y a las organizaciones políticas, sociales, deportivas, culturales, etc.

En el Comité no hay líderes ni caudillos, tampoco jefes. Solamente somos personas con responsabilidades que abrimos las puertas a todos sin sectarismos o egoísmos. Este es un evento masivo es organizado, dirigido y planificado por todos los ecuatorianos patriótas que aman la libertad y quieren ver al Ecuador libre del tirano.

Para mayores informes comunicarse al correo electrónico E-Mail: elpoderecuatorianony@hotmail.com * Teléfono (347) 500-9354

Septiembre 2007

BOLETIN DE PRENSA

ORGANIZACIONES Y ACTIVISTAS ECUATORIANOS RECHAZAN PRESENCIA DEL DICTADOR COMUNISTA RAFAEL CORREA EN LOS ESTADOS UNIDOS

Varias organizaciones y dirigentes ecuatorianos rechazan la presencia del gobernante dictador comunista Rafael Correa por sus declaraciones ofensivas contra los Estados Unidos y su presidente. Consideran que Correa ha mancillado los hogares de los ecuatorianos residentes en los Estados Unidos al haber lanzado insultos vulgares en su contra pues ellos también forman parte de este gran país. Además de no respetar las normas civilizadas de la convivencia pacífica de las naciones y los principios del derecho internacional.

DE NO INTERVENCION Y AUTODETERMINACION DE LOS PUEBLOS.

Igualmente denuncian el escandaloso y perverso fraude que está consumando Correa a través de los consulados y al realizar una campaña electoral millonaria con los fondos públicos a favor de las listas de su movimiento político violando el Estatuto Electoral que mandó para su aprobación a la Consulta Popular. La presencia de Correa en los Estados Unidos es para hacer campaña a favor de sus candidatos y mentir una vez más sobre su falso apoyo a los emigrantes; El gobierno de Correa nada ha hecho por los emigrantes como lo demuestran las declaraciones públicas del ex Director Ejecutivo de la Secretaria Nacional del Emigrante, llamada pomposamente Ministerio del Migrante, "que nada se pudo hacer por los migrantes debido a los obstáculos de algunos funcionarios públicos que tienen secuestrado al presidente y de que éste no se entera de lo que sucede en el país".

Asimismo denuncian al gobierno autoritario populista de Correa que no gobierna pues en el Ecuador ha aumentado la pobreza, el desempleo, el crecimiento económico se ha reducido al 3% y la vida se ha encarecido. Lo mismo en sus intenciones de con el fraude electoral lograr una mayoría a la Asamblea Constituyente para redactar una Nueva Constitución para sus fines protervos de estatizar la economía, saquear al país (los patiño videos)ser dictador y perpetuarse en el poder con la reelección indefinida, tal como lo intenta hacer su ídolo Hugo Chávez, en Venezuela; Por tales razones han acordado realizar protestas públicas pacíficas en los lugares donde se presente el dictador comunista Rafael Correa para lo cual están invitando a todos los ecuatorianos a que se unan a estos actos, los cuales cuentan con los respectivos permisos de la policía. Frente a la Iglesia Santa Brigida, el domingo 23 de septiembre, desde las 10:00 de la mañana hasta las 2:00 de la tarde, ubicada en San Nícholas entre Linden St. y Grove, en Brooklyn. Llevan los trenes L o M. También el lunes 24 en el parquecito de las Naciones Unidas, desde las 10:00 de la mañana hasta las 2:00 de la tarde, ubicado en la Primera Avenida y calles 45 o 46. Para mayores informes comunicarse a los teléfonos (646) 418-5496 * (718) 825-7823 * (646) 210-5199
Septiembre 2007

DETENGAMOS AL DICTADOR RAFAEL CORREA EN SU INTENTO DE PERPETUARSE EN EL PODER

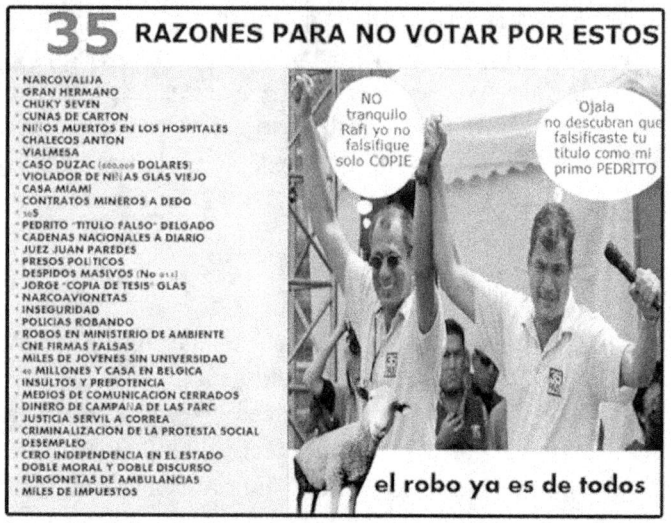

Un sector de ecuatorianos residentes en los Estados Unidos hemos constituido un Comité por la Libertad, Democracia y Contra el Fraude que prepara el gobierno de Rafael Correa a través de los consulados donde votaremos en el exterior.

El Ecuador necesita cambios y crear fuentes de trabajo, más y mejor educación, atención a la salud, viviendas, etc. que los anteriores gobiernos ofrecieron -lo mismo que el actual- y no lo han cumplido.. Creemos que ocho meses de gestión del gobierno son suficientes para apreciar el inicio del cambio prometido, por lo contrario, vemos el doble discurso, las promesas incumplidas. No gobierna y solamente se mantiene en permanente campaña electoral dilapidando los fondos públicos en publicidad de su izquierda torcida y dictatorial. Olvidando que el socialismo verdadero es humanista y respetuoso del ser humano.

Su permanente confrontación demuestra su espíritu aventurero, inestable, irritable, intolerante, como poco adecuado para un estadista o gobernante del pueblo ecuatoriano.

El gobierno de Correa nada ha hecho por los emigrantes como lo demuestran las declaraciones públicas del ex

Director General de la Secretaria Nacional del Emigrante llamada pomposamente ministerio del emigrante, " que nada se pudo hacer por los migrantes debido a los obstáculos de otros funcionarios que tienen secuestrado al presidente y que éste no se entera de lo que sucede en el país".

Las declaraciones extremistas del gobierno y su falta de una política económica seria está comenzando a generar una nueva ola migratoria, pero ésta vez de empresarios,, profesionales y clase media que no desea vivir en zozobra, en dictadura. El pueblo ecuatoriano necesita cambios pero no a este precio, con la presencia vitalicia de un personaje mediocre con aires de dictadorzuelo,

El Ecuador, nuestro amado país está actualmente atravesando una situación política, económica, jurídica inestable y terrible. Existe el peligro de que Correa se convierta en dictador y se perpetué en el poder. Ha concentrado en sus manos casi todos los poderes del estado con compras de conciencias y votos, como sucedió con el Tribunal Supremo Electoral y en el Congreso Nacional. No respeta el estatuto electoral que él mismo redactó y mandó a la Consulta Popular para su aprobación. Se encuentra en plena campaña electoral a favor de los candidatos de su partido político y sus listas 35 gastando los dineros del erario nacional por millones para conseguir con el fraude más escandaloso y perverso una mayoría en la Asamblea Constituyente donde va a redactar una nueva constitución para sus fines protervos de estatizar la economía, saquear al país (los patiño videos) ser dictador y perpetuarse en el poder con la reelección inmediata como lo ha hecho su ídolo Hugo Chávez, en Venezuela. Razón por la cual debemos detener al gobierno populista autoritario de Correa en sus intentos dictatoriales y denunciar la llamada "revolución ciudadana" con nuestra acción decidida de no permitir el fraude y de que a la Asamblea Constituyente vayan personas honorables para que se enfrenten decididamente al déspota de carondelet.

COMITÉ POR LA LIBERTAD, DEMOCRACIA Y CONTRA EL FRAUDE

Dr. Lenin Medina, Presidente; Dr. Héctor Bernabé,

Vicepresidente; Lupita Carvajal, Secretaria; Consuelo Calvache, Tesorera; Coordinadores: NUEVA YORK: Elizabeth Polanco, Dra. Bertha Bravo, Jng. Richard Izurieta, José López, Adelita Bernabé, LOS ANGELES: Dr. Freddy Carrera, Juan Carlos Ribas, Víctor Molina, Marlon Cabezas, FLORIDA: John Plaza., Roberto Moreno, José Maruri, Luisa Castro, Carlos Mero,, Tatiana Rugel,, WASHINGTON: Mónica Bravo, Jessica Carvajal, Dolores Aguirre, BOSTON: Dr. José Rosero, Carmen Solines PENSYLVANIA: Arq. Xavier Molina, Dr. Nelson Bernabé; VIRGINIA: Paola Lara; CAROLINA DEL NORTE: Lorena Velásquez, siguen más firmas…

Para mayores informes comunicarse al teléfono (818) 519-3470 o al correo electrónico: leninmedinaf@hotmail.com Septiembre de 2007.

DespiertaEcuador
Ayer a la(s) 3:39 ·

GABRIELA RIBADENEIRA ENTRO DE PRESIDENTA DE LA ASAMBLEA COMO BACHILLER , (QUINTO AÑO DE COLEGIO)
HOY . 2 AÑOS DESPUÉS TIENE TITULO UNIVERSITARIO COMO LICENCIADA.
TODO EL ECUADOR SE PREGUNTA COMO LOGRO ESE MILAGRITO QUE ALGÚN BORREGO RESPONDA?
#DESPIERTAECUADOR

!LICENCIADA!
donde podemos ver su trabajo de tesis?
donde hizo sus practicas pre- profesionales?
donde esta el registro de los seminarios asistidos?

Por qué asistió a una universidad pelucona y no asistió a una universidad pública como el común de los estudiantes?
Por qué no rindió las pruebas de la SENECYT y si lo hizo donde podemos ver su puntaje?

ELECCIONES ASAMBLEISTAS: SEPTIEMBRE 30

CONTINUAN INSCRIPCIONES CANDIDATOS ASAMBLEISTAS EN CONSULADO

Por: Dr. Lenin Medina,
Especial para Ecuador News

Continúan las inscripciones de las candidaturas para asambleístas por los ecuatorianos residentes en el exterior en los consulados hasta junio 18 de 2007..No podemos informar sobre los movimientos o precandidatos que han retirado los formularios para recoger las firmas para inscribir sus candidaturas por no tener acceso a esa información a pesar de haberla solicitado en el consulado. Vamos a tener que pedirla al Tribunal Supremo Electoral, TSE.

Una vez más el Tribunal Supremo Electoral no realizó una campaña de difusión masiva para que el empadronamiento sea efectivo por la falta de recursos. Los consulados que tuvieron en sus manos esta tarea no se les proporcionó los recursos necesarios para estos menesteres.

TRIBUNAL SUPREMO ELECTORAL SABOTEA VOTACION EN EL EXTERIOR

El Tribunal Supremo Electoral controlado por el gobierno de Rafael Correa e integrado por los partidos políticos de oposición y de la llamada centro izquierda oportunista y corrupta, continúan saboteando la participación masiva de los ecuatorianos en el exterior al impedirles votar directamente con la cédula de ciudadanía o el pasaporte –pues todos los ecuatorianos estamos empadronados- en las elecciones al haber aprobado una ley que nos obliga nuevamente a empadronarnos lo cual tomará muchos años. Además los dos empadronamientos que han realizado no contaron con la difusión masiva ofrecida y con el personal necesario.

Los partidos políticos ecuatorianos siempre se han opuesto a que votemos los ecuatorianos residentes en el exterior por temor a que pongamos el Presidente de la República, según ellos, por los millones de votos que podemos poner en las elecciones. Como el derecho al voto en el exterior estaba establecido en la Constitución Política. Artículo 27. Inciso Tercero ya no podían dar más dilatorias –ocho años- se inventaron una ley que nos obliga a volvernos a empadronar para así impedir la participación de todos los millones de ecuatorianos que residimos en el exterior.

Se considera que de 3.5 a 4.0 millones de ecuatorianos viven en el exterior, de los cuales el 70% radican en los Estados Unidos. El Banco Interamericano de Desarrollo, BID dice que de los 2.500 millones de dólares que fueron el pasado año 2006 al Ecuador por concepto de remesas el 70% salieron de los Estados Unidos, vale decir, 1.750 millones de dólares mandamos los ecuatorianos residentes en los Estados Unidos y a duras penas elegiremos 2 asambleístas. Vivimos de 2.5 a 3.0 millones y solamente podemos votar 20.000 ecuatorianos que nos volvimos a empadronar. La mayoría continúa marginada por el gobierno y los partidos políticos incrustados en el TSE.

Para acabar con estos abusos y desidia es que debemos ir a la Asamblea Nacional Constituyente

CIRCULAR DEL SECRETARIO NACIONAL DEL MIGRANTE DEL GOBIERNO. SE BUSCA CANDIDA-TOS ASAMBLEISTAS

En una carta circular enviada por el Secretario Nacional del

Migrante del gobierno de Rafael Correa y titulada "Migrantes Movimiento País. Asambleístas. Estrategia Electoral. Directrices". El Secretario de la mencionada institución se dirige a varios ecuatorianos que residimos en el exterior. Hago público mi breve comentario a la misma principalmente por dos razones. La primera porque se pide en la circular que se comente y se la haga conocer a la comunidad. Y la segunda, porque me causó sorpresa en la forma como el gobierno selecciona a sus candidatos y la manera despectiva en referirse a algunos dirigentes comunitarios del exterior y lo peor por parte de personas que desconocen y jamás participaron en la lucha llevada por décadas de los ecuatorianos residentes en el exterior En las elecciones pasadas de segunda vuelta mi voto fue NI NOBOA, NI CORREA. Así lo expresé en un artículo publicado para esa fecha. De ahí la extrañeza de que se me enviara esta carta circular. Definitivamente no pertenezco al Movimiento País. Tampoco aspiro a ser asambleísta. Considero que es el turno de que sirvan otros importantes ecuatorianos que residen en el exterior. Ya en años pasados me cupo el honor y el privilegio de ser Diputado Nacional 1992-1996 en representación de los ecuatorianos del exterior y luego candidato a Presidente del Ecuador en las elecciones de 1998-2002. Además dirigí, organicé y fui presidente del Congreso Mundial de la Federación de Instituciones Ecuatorianos en el Exterior que se realizó por primera vez en el Ecuador en 1993 con la asistencia de más de 2000 personas. Igualmente dirigí la campaña de la Doble Nacionalidad en la Consulta Popular del 28 de Agosto de 1994 en que el pueblo ecuatoriano la aprobó con su voto. La circular dice:" He sido designado desde el Buró Político Nacional de Movimiento País lista 35 como el responsable de toda la campaña electoral para el extranjero"..."Seré yo el responsable de recibir y filtrar los nombres de los candidatos para asambleístas , y luego en conjunto con el buró Nacional y con Vinicio Alvarado el Director Nacional de campaña de Movimiento País, lista 35, se definirán los nombres de nuestros candidatos, las estrategias políticas, el financiamiento y la promoción de nuestras propuestas... Todos ustedes que deseen participar con nosotros en Movimiento País, lista 35 lo pueden hacer, y pueden entregarnos nombres de posibles candidatos, los analizaré a todos los postulantes personalmente."

"En cuanto a nuestra amiga Pierina Correa, le enviamos un cordial saludo y esperamos su pronta recuperación. Es de conocimiento público las diferencias entre Pierina y algunos lideres de nuestro Movimiento, (Ricardo Patiño, Gustavo Larrea y otros) el Sr. Presidente ha sido enfático, claro y conciso en referencia a este tema...".Y más adelante continúa :" Siéntanse libres de compartir este documento con dirigentes y verdaderos lideres de los migrantes y no solo aquellos que son membrete y ya saben a quienes me refiero".

El gobierno de Rafael Correa y peor la secretaria del Migrante aún nada hacen luego de ya casi cinco meses de haber asumido el poder. Hasta ahora solo han sido discursos de promesas, polémicos, de confrontación y demagogia. La Secretaria brilla por su ausencia. Tendremos que seguir esperando. Frente a la Reforma Migratoria que se discute en el Senado de los Estados Unidos el gobierno ecuatoriano como siempre guarda silencio.

GOBIERNO PROPONE QUE CONGRESO NACIONAL SE LLAME ASAMBLEA NACIONAL

El Gobierno Nacional a través del Ministro de Gobierno, Gustavo Larrea, a planteado que ellos quieren en la próxima Asamblea Constituyente cambiar el nombre del actual Congreso Nacional para que se denomine Asamblea Nacional. Un simple cambio de nombre no va a restituir la confianza y efectividad de este organismo desprestigiado por la clase política. El Ministro también habló de democratizar los partidos políticos y de las elecciones por distritos Sobre los grandes temas que nos impulsaron hace años a luchar por la Asamblea Constituyente continúa guardando silencio Esperamos que el gobierno y el TSE controlado por el mismo permita y es más propicie un gran debate nacional sobre la Asamblea Nacional Constituyente y todos los cambios que el país requiere. En la Consulta popular anterior el gobierno y el TSE no permitieron ese debate tan necesario e imprescindible, por el contrario impidió hacer campaña a la oposición y a quienes si estamos con la Asamblea y la izquierda, pero desde otro punto de vista. Somos socialistas que creemos en la libertad del ser humano, en el pluralismo y la igualdad No somos partidarios del Capitalismo de Estado si no de la autogestión que entrega la propiedad a sus propios dueños para que la administren No creemos en la dictadura ni aún en la del proletariado aunque somos solidarios con la clase trabajadora. Para el Ecuador el camino no está en copiar a ningún otro país por más méritos y desarrollo que tenga. Los procesos históricos no se repiten y son distintos. Tenemos que seguir nuestra propia vía, camino. Eso nos enseña la historia y sus leyes.

Agosto 2007

ELECCIONES PARA ASAMBLEISTAS QUE INTEGRARAN 1A ASAMBLEA CONSTITUYENTE

¡SE ACABÓ EL MIEDO!
CON NUESTROS
DERECHOS TE METISTE
AHORA TE JODISTE

#FueraCorreaFuera

Por: Dr. Lenin Medina
Especial para Ecuador News
El Tribunal Supremo Electoral, TSE convocó a elecciones para asambleístas que integrarán la Asamblea Constituyente y como siempre privilegiando a los partidos y movimientos políticos por ellos reconocidos. Luego de los cambios de camisetas el gobierno se alzó con el control del TSE. Las elecciones serán el 30 de septiembre. Se abrirán las inscripciones para candidaturas a asambleístas y el empadronamiento en los consulados para los ecuatorianos residentes en el exterior desde el 3 de Mayo hasta el 3 de Junio. Pero aún hoy 10 de Mayo que escribo esta nota no comienza el empadronamiento en los consulados de Nueva York y Nueva Jersey. Las reglas del juego electoral todavía no se dan a conocer en su totalidad por parte del TSE.
GOBIERNO DE RAFAEL CORREA CONCENTRA PODERES

El gobierno presidido por Rafael Correa ha logrado controlar al Congreso Nacional, El Tribunal Supremo Electoral, El Tribunal Constitucional. A diferencia de sus adeptos de que creen en su genialidad política, considero que logró esos objetivos por la incapacidad de sus opositores: Alvaro Noboa, Lucio Gutiérrez y el silencio oportunista de varios grupos de la llamada centro izquierda que pensaron que Alianza País los iba a poner en sus listas para asambleístas. Recién ahora comienzan a escribir y analizar objetivamente lo que significa el gobierno de Correa desde una perspectiva de nueva izquierda que busca construir una sociedad socialista, de seres humanos libres donde no haya autoritarismo, ni caudillismo. El gobierno de Correa es de la izquierda "torcida". Somos partidarios de construir una sociedad de trabajadores. Pero no queremos dictadura ni aún de la del proletariado.

Hay que leer al joven Marx, el de los cuadernos filosóficos y la Comuna de Paris. El marxismo soviético no es el camino. La libertad, la igualdad son esenciales en el socialismo.

ELECCIONES PARA ASAMBLEISTAS

El gobierno de Rafael Correa y los Partidos y Movimientos políticos "legalmente reconocidos" están tratando de ganar los votos de los inmigrantes y sus familiares en el Ecuador con engaños al querer poner a "dedo" a supuestos representantes de los inmigrantes en sus listas nacionales y del exterior. Además quieren que votemos en el exterior por las listas nacionales para así poder lograr el voto en plancha y llevarse la representación de los inmigrantes con candidatos desconocidos e incondicionales.

El gobierno ha declarado que irá solo con su movimiento Alianza País en estas elecciones para obtener la mayoría simple (la mitad más uno) de los votos de los asambleístas para poder implementar sus proyectos de reformas person-ales, que aún no da a conocer. Cuando lo que el país necesita son proyectos nacionales que sean construidos con el conocimiento y participación de todos los sectores de la sociedad ecuatoriana.

COMITÉ PRO ASAMBLEA CONSTITUYENTE

En el mes de diciembre pasado constituimos el Comité Asamblea Constituyente para apoyar, orientar y difundir la necesidad de que el Ecuador realice una Asamblea Nacional Constituyente. Era un anhelo del pueblo ecuatoriano desde comienzos del añ0 2000. En la campaña electoral del 2002 volvió al tapete el tema de la Asamblea. Igual sucedió con el gobierno de Alfredo Palacio, pero este se entregó a la derecha que saboteó la asamblea. El candidato Correa retomó nuevamente el tema en su campaña y celebró un compromiso con otros candidatos antes de la primera vuelta de que cualquiera de ellos entren a la segunda vuelta y de ganar convocarían a Asamblea Constituyente y en verdad Correa cumplió y convocó a Consulta Popular. Nosotros no votamos ni por Correa, ni por Noboa en la segunda vuelta, pero apoyamos la convocatoria a la Asamblea Constituyente. Cuando formamos el Comité Asamblea Constituyente dijimos que no seriamos candidato para asambleísta y que el comité no apoyaría a ningún candidato y lo hemos cumplido. Más apareció otro Comité por la Asamblea Constituyente que sus dirigentes son ahora candidatos a asambleístas. Aunque lo negaron mientras realizaban las reuniones. Allá ellos y su conciencia.

CAPITULO DE LOS INMIGRANTES

Es necesario que quienes vayan a la Asamblea Constituyente por los Estados Unidos debatan tesis, proyectos para ser incluidos en la Nueva Constitución. Sin ánimo de querer ser profesor y más bien con el deseo de propiciar un debate voy a tratar de proponer un capítulo sobre los inmigrantes: Y que diga por ejemplo:

1.- Se creará el Instituto Nacional del Inmigrante para velar por la seguridad, protección, desarrollo de los ecuatorianos domiciliados en el exterior. También tratará de lograr la regularización del status de los inmigrantes ecuatorianos.

2.- Se creará el Banco Nacional del Inmigrante para canalizar las remesas en inversiones productivas y abaratar costos;

3.- Tendrán los ecuatorianos residentes en el exterior representantes en el Congreso Nacional de acuerdo al número de habitantes y de la Ley Orgánica de Elecciones; Etcétera, etcétera.

CANDIDATOS EN LOS ESTADOS UNIDOS

Desde los meses de diciembre, enero, febrero, marzo y abril comenzaron a presentarse candidaturas para asambleístas en las diferentes ciudades de los Estados Unidos. Actualmente sobrepasan las 3 docenas. Lo que no hemos visto son los planes , propuestas , proyectos de lo que van a presentar en la Asamblea Constituyente. Algunos precandidatos han hablado de consulados móviles, aumento de la cuota de menaje en los viajes al Ecuador. Lo cual es loable, pero que nada tiene que ver con la redacción de la nueva constitución. Otros por el contrario, exhiben una hoja de servicios con trabajos que nunca hicieron: como haber sido gestores de la Doble Nacionalidad, especialmente de su aprobación en la Consulta Popular del 28 de Agosto de 1994 o de haber dirigido la toma del consulado de Nueva York pidiendo la renuncia del cónsul representante del gobierno de la traición del coronel Lucio Gutiérrez.

Ninguna institución o persona se puede atribuir ser gestora de la Doble Nacionalidad porque fue un proceso colectivo en que el protagonista fue el pueblo ecuatoriano. Peor personas que nada hicieron.

Creemos que es necesario que los candidatos se enfoquen en los temas de la Asamblea Constituyente y vemos con agrado que vayan a la misma auténticos representantes de los inmigrantes y no los representantes de los partidos políticos o del gobierno que nunca han hecho nada por los inmigrantes. Tal el caso de la señora

Pierina Correa "super hermana" del presidente que en días pasados señaló : "me llamó mi hermano menor Rafael para que lo acompañe en la lista de Alianza País".

Abrimos esta columna para analizar el proceso electoral y debatir tesis sobre la Nueva Constitución: ¿Si es conveniente continuar con el régimen presidencial o ir a un régimen parlamentario? ¿ Sobre la reelección presidencial?, ¿Sobre el modelo de desarrollo que conviene al país?, ¿Sobre la educación?, La economía, etcétera, etcétera.

Mayo 10, 2007

SE CREARA SECRETARIA NACIONAL DEL MIGRANTE

Por: Lenin Medina
Columnista Invitado

El gobierno ecuatoriano presidido por Rafael Correa anunció en días pasados que creará en la próxima semana la Secretaría Nacional del Migrante, con rango de ministerio, para "se encargará de regularizar la situación de nuestros emigrantes en el exterior, para que puedan regresar cuantas veces sean necesarias a su patria y volver a sus hogares de residencia" dijo el mandatario en su programa sabatino de radio, según el diario El Universo.

Aunque esa es la principal función de la Secretaría. El presidente Correa advirtió que tiene "múltiples proyectos" en favor de los emigrantes, entre los que señaló al Banco del Migrante, que servirá para abaratar costros y canalizar las remesas a favor de las familias de los inmigrantes.

Esperaremos el decreto con el cual se crea la Secretaría Nacional del Migrante para conocer sus funciones y el presupuesto con el cual será dotado. El presidente Correa ya dio a conocer el nombre del funcionario que ocupará la dirección de la Secretaría recayendo en el señor William Murillo, quien dirigió el Movimiento Alianza País en Nueva York. La verdad es que se esperaba que sea nombrada la Arquitecta Pierina Correa de León, que fue la encargada de dirigir la campaña de su hermano en el exterior y que el día 27 de Enero pasado estuvo en reuniones en Miami con miembros de esa comunidad impulsando la Asamblea Constituyente.

Saludamos la feliz iniciativa de que el gobierno de Correa va a crear el Banco del Migrante ya que es una vieja aspiración de nuestra comunidad.

La información periodística señala que sin entrar en detalles, Correa anunció que se pondrá en funcionamiento el consulado digital, se reducirá el costo de los documentos y dispondrá "que se ocupen los diferentes consulados con gente del mismo lugar, no con burócratas enviados desde Quito". La Secretaría, puntualizó debe ocuparse del bienestar de los compatriotas en el exterior y de sus familias dentro de esta nación andina.

Asimismo el presidente Correa destacó que la emigración disminuirá con el cambio del modelo de desarrollo económico y social que generará empleo, distribución de la riqueza, etc. También manifestó que habrán seis (6) representantes del exterior a la Asamblea Constituyente si lo aprueba el pueblo.

La idea de la creación de la Secretaría no es nueva. En el año 2003 el ex-presidente Lucio Gutiérrez creó la Agencia del Inmigrante con rango de ministerio y además manifestaba pomposamente que el tema migratorio sería tratado como política de Estado. Nada de esto sucedió. Sus proyectos terminaron olvidados en una Subsecretaria del Inmigrante, dependiente de cancillería y solamente para que esos funcionarios viajen por el mundo teniendo reuniones con las comunidades de inmigrantes para conocer sus necesidades y por supuesto no resolverlas por que carecían de los medios económicos.

Esperemos que en esta oportunidad nuestra comunidad tenga mejor suerte y que la creación de esta Secretaría venga

a aliviar en algo la vida de los hermanos emigrantes y no vaya a ser causa de más divisiones porque se quiera utilizar este organismo como cuota política y reparto de canonjías.
Enero 2007

NI NOBOA, NI CORREA

El Ecuador se encuentra atravesando una campaña de segunda vuelta electoral donde los dos candidatos finalistas -Abogado Álvaro Noboa y Economista Rafael Correa- se han dedicado a insultarse creando un proceso electoral intrascendente, superficial, ofensivo, calificado como campaña "sucia" y dejando de lado el debate de ideas, lo que la mayoría del pueblo ecuatoriano quiere y necesita soluciones a los graves problemas que lo aquejan: económicos, sociales, laborales, educativos, de salud, etcétera.

En lo que respecta a los ecuatorianos residentes en el exterior no hemos tenido la oportunidad de reunirnos con ellos, de que conozcan nuestra realidad, necesidades y posibles soluciones. Ambos candidatos no valoran ni respetan nuestra condición de seres humanos, de ecuatorianos y de nuestra contribución al Ecuador. Este año irán 2500 millones de dólares desde el exterior y de los cuales 1750 millones son enviados por los más de 2 millones de ecuatorianos que residimos en Estados Unidos, según el Banco Interamericano de Desarrollo. Me cuentan amigos involucrados en esas candidaturas que Noboa manifestó "no me interesa hablar con los ecuatorianos en el exterior" y Correa "para que voy a ir a Estados Unidos si voy a ganar en la primera vuelta".

Los ecuatorianos en el exterior tendremos que continuar trabajando solos, como siempre, con la desidia de los poderes del Estado Ecuatoriano. Las conquistas de la Doble Nacionalidad y el Voto en el Exterior se lograron por la lucha de los ecuatorianos residentes en el exterior y contra la voluntad de los partidos políticos incrustados en el TSE. Lo mismo que de la Cancillería.

Ambos candidatos no tienen antecedentes de lucha política a favor del pueblo ecuatoriano. Se acusan mutuamente de que llegará el Apocalipsis y que el Ecuador desaparecerá con el triunfo de cualquiera de ellos, ya sea del "derechista-neoliberal Noboa" o del "comunista-chavista-copión Correa ". Algunos dicen acá que si gana el candidato opositor no vuelven más al país y que los que viven allá saldrán del Ecuador para Estados Unidos o España, preferentemente.

Si esto sucede los ecuatorianos podríamos solicitar asilo político, como causal para lograr la residencia. Lo mismo hemos oído en casi todas las elecciones anteriores desde el inició del régimen civil en 1979. Igualmente ya es vieja esa muletilla de que votar nulo es desperdiciar el voto y que eso favorece al ganador. Como los dos candidatos ya se han proclamados ganadores no les afectará el voto nulo. Posiblemente lo que si sucederá es que el nuevo presidente no dure más de un año en el gobierno por la polarización, inestabilidad y falta de capacidad para gobernar. Pues el oportunismo, la prepotencia y el triunfalismo son las características de ambas candidaturas.

De que el Ecuador está mal es una realidad y de cada día será peor con los gobernantes que tenemos es una verdad incuestionable. Desde que nacimos en 1830 como república hemos tenido presidentes –que en mayor o menor grado han gobernado para las clases dominantes y jamás para el pueblo; quizás la excepción sea Eloy Alfaro- que han defendido el establishment. El pueblo supo interpretar nuestra independencia de España "el último día del despotismo y el comienzo de lo mismo".

Los procesos independentistas se hacen para mantener el orden establecido, para desalojar políticamente al imperio español y sojuzgar a la masa indígena y mestiza. Irónicamente, las revoluciones independentistas americanas tienen un carácter conservador y atrabiliario en este sentido; las masas populares ponen los muertos y el beneficio lo recoge la oligarquía criolla. El cambio político no significó, en ningún caso, la mejoría de las condiciones de vida de indios, negros, pardos o mestizos. Aún estamos esperando por la verdadera y definitiva independencia del Ecuador. Y esa tendremos que librarla junto al pueblo y fuera de los actuales candidatos.

Paralelamente al dominio de las elites se fue forjando la nacionalidad ecuatoriana con la lucha del pueblo ecuatoriano. Se fueron construyendo los nobles valores que definen nuestra cultura: amor a la patria, solidaridad, justicia, honestidad, etc. Los ecuatorianos somos personas laboriosas.

Álvaro Noboa un millonario al que califican de neoliberal y que dice ser amigo de los jóvenes Kennedy, de reyes y príncipes. Participó con el apoyo de un partido político que lo creó en 2002, el PRIAN. Cuentan sus allegados que está cambiando su imagen por sus asesores colombianos que lo preparan para sus presentaciones y entrevistas. Esos asesores se harán famosos si gana.

Rafael Correa apareció como asesor del vicepresidente Alfredo Palacio y luego que llegó a la presidencia lo nombró Ministro de Economía. Luego aparecería como candidato de izquierda sin el apoyo de los partidos políticos de esa tendencia.

La mayoría del pueblo ecuatoriano en la segunda vuelta electoral no vota por el candidato de sus preferencias. Tiene que elegir al candidato del mal menor. Un candidato que participó en la primera vuelta definió a los dos finalistas, que el pueblo ecuatoriano "tendría que escoger entre el cáncer y el sida". Pienso que no hay necesidad de votar por el mal menor, ni escoger entre esas dos enfermedades. Mejor voto por el pueblo ecuatoriano. Voto por la vida. Voto nulo y continuó la lucha y la organización del pueblo ecuatoriano fuera de las estructuras de los partidos políticos actuales para crear el nuevo Ecuador Para Todos.

El Dr. Lenin Medina es presidente del Comité Voto en el Exterior y dirigió la campaña en la Consulta Popular en que se aprobó la Doble Nacionalidad.

EL DIARIO

ESPEC

WWW.ELDIARIONY.COM   EL CAMPEON DE LOS HISPANOS

LA PRENSA   NUEVA YORK, SABADO 1 DE OCTUBRE AÑO 2011

BUZÓN DE LECTORES
opinion@eldiariony.com

Las jornadas de repudio al dictador Rafael Correa

Los ecuatorianos residentes en los Estados Unidos acabamos de escribir con valor ejemplar unas páginas históricas por la libertad y la democracia ecuatoriana al denunciar frontalmente al gobierno dictatorial, corrupto y fascista de Rafael Correa. Aquí, en el área tri estatal -frente a frente encaramos al dictador- diciendole las verdades que en el Ecuador todavía el pueblo no le dice por la represión -pero que ya le dirá- cara a cara.

Tuvimos tres colectivos donde participamos preparando actividades para denunciar la represión, encarcelamiento y hasta el asesinato del pueblo ecuatoriano.

Estos colectivos trabajaron independientemente: El primero de Nueva York con Miami. El segundo de Nueva Jersey y un tercero realizó actividades por separado. Algunos participaron en los tres colectivos. Otros en dos y la mayoría en uno, tal el caso de la delegación que vino de Miami para trabajar con el colectivo de Nueva York.

Los tres colectivos participamos, en mayor o menor grado, en las diligencias para conseguir se retire el permiso adquirido por el Consulado Ecuatoriano de Nueva Jersey para realizar un evento en honor del dictador en el Colegio Secundario de Union City.

Aprovechando el Desfile de la Hispanidad en Union City varios ecuatorianos solicitamos al alcalde Brian Stack, les retirara el permiso para realizar un evento en honor del dictador corrupto Rafael Correa. El alcalde-senador estatal manifestó desconocer los antecedentes funestos de este personaje, Dijo que la consul ecuatoriana sólo le dijo que era una fiesta de arte y cultura ecuatoriana y que iba a retirar la autorización. Los cónsules de Nueva Jersey, Nueva York, delegados de la Cancillería -que no son de carrera sino de la cuota política del dictador- siguieron presionando al alcalde Brian Stack hasta amenazarlo con un plantón frente a sus oficinas. Pero el alcalde se mantuvo en su decisión de no permitir el evento de homenaje a un dictador que persigue a periodistas como Emilio Palacio, Carlos Calderón y otros. Al igual que a diarios como El Universo. Finalmente hicieron el evento en el Teatro Ritz de Elizabeth, Nueva Jersey.

Este acontecimiento de retirar el permiso del Salón de Honor del Colegio Secundario de Union City para el homenaje al dictador y corrupto Rafael Correa, tuvo repercusiones mundiales, al trascender las noticias que originaron varias interpretaciones. El dictador dijo: que lo habíamos hecho famoso porque ahora lo conoce el mundo". Pero él bien sabe que es verdad que lo conoce el mundo, pero no como un hombre honesto, democrático y respetuoso del ser humano si no como dictador, corrupto y fascista. También el dictador corrupto y fascista manifestó que "quienes defienden la libertad de expresión en el Ecuador se la niegan en Union City".

El Tercer Colectivo estuvo con pancartas, gritos y lluvia desde las 10:00 a.m. en la Segunda Avenida y calle 42, a la entrada de las delegaciones. Otra parte del Tercer Colectivo estuvo en calle 47 y Primera Avenida con pancartas, desde las 11:00 a.m. hasta la 1:00 p.m. Luego el Primer Colectivo estuvo en la Primera Avenida y calle 47 desde las 3:00 hasta las 5:00 p.m. con letreros, gritos y lluvia.

LENIN MEDINA
Elmhurst, Queens.

impacto

45 Years of Publishing
Excellence in the New York
Latino Community

225 West 35th Street
Suite 1001
New York, NY 10001

212-807-0408 Main
212-807-0408 Fax

Email:
Noticia@impactonews.com

Founded in 1967 by:
Carlos G. Carrillo

Publisher/President
Gail M. Smith Carrillo
gailm@impactony.com

Editor in Chief
Jason K. Smith
jason@impactony.com

**Vice President
Marketing and Advertising**
Vanessa M. Smith
vanessa@impactony.com

Editorial Assistant
Ana Athanassopoulos
Ana@impactony.com

Editorial Design
JoelSantos

Journalistic Director
Karina Borodnikoff
karina@impactony.com

Circulation Director
Dennis E. Brown
Dbrown@impactony.com

ImpactoNY.com • Del 27 de Julio al 2 de Agosto del 2011

RAFAEL CORREA DELGADO: DICTADURA Y CORRUPCION

El Ecuador se encuentra atravesando una situación crítica en todos los niveles por culpa del actual desgobierno del economista Correa Delgado. Las promesas de cambio, las esperanzas de cambio, que en su momento tenía el pueblo. El cambio prometido a los ecuatorianos después de aproximadamente cinco años, no se ve más por ningún lado. Al contrario en esos años que llevamos de este "homo", por decirlo así, vemos una "historia de la violación de los derechos humanos", a cada instante, a cada minuto. Lo vivimos y lo palpamos todos los ecuatorianos, están completamente en manos de Correa Delgado. La Asamblea Nacional no es...

autónoma e independiente del dictador corrupto en materia legislativa y de fiscalización. Las obras públicas que se realizan son con sobreprecios y contratos de emergencia, a dedo, como los del hermano del Guayas. El pueblo tiene que echarle de la presidencia y mandarlo a la cárcel junto con sus secuaces.

El país necesita el cambio, esta gobernando con el apoyo de empresarios y banqueros que reciben contratos y subsidios del poder corrupto. Lo del dictador corrupto es doble discurso, retórica revolucionaria. Su llamado entorno vive como "personas" disfrutando del dinero mal adquirido. Sus empleados, de costumbre son los nuevos ricos. El dictador corrupto es el nuevo dueño del país.

Pero lo que en cambio respetando al ser humano y su libertad, y además proporcionándole las oportunidades de trabajo, educación de calidad, salud, vivienda, seguridad, etc. Un cambio dirigido por el pueblo y receptores o guías, sin caudillos o líderes. El líder vago debe ser un programa un programa adelante. Con Heinz Dieterich ya lo dijo que en el Ecuador actual no hay socialismo. Lo que se ha creado es un Capitalismo de Estado, donde él, su familia y el llamado entorno se están enriqueciendo con los atracos que cometen. No solamente ha metido mano a la justicia sino a las demás funciones del estado, especialmente a los fondos del erario nacional. Es un vulgar resultado. Fue creado por un grupo de aventureros que superaron vende erle al Ecuador esa imagen de renovación, que en el fondo fue falsa.

El dictador Correa Delgado...

El pueblo ecuatoriano tiene que organizarse para combatir el verdadero cambio. Las organizaciones sociales, los trabajadores del campo y la ciudad. Las mujeres. Los estudiantes. Los indígenas. Los profesores. Los intelectuales. etc, etc. No necesitamos caudillos o líderes creados por la derecha o la izquierda oportunista. Nuestro liderazgo debe ser popular y colectivo. Es importante la organización popular y tener un programa de lucha para derrotar al tirano y para gobernar. Las calles serán nuestras trincheras pacíficas donde nos organizaremos para emprender el camino al poder. El pueblo es quien directamente debe gobernar y los intermediarios dirigir a su nombre. La lucha es larga comenzamos ya.

L.nunima@hotmail.com
Teléfono:(347) 593-9354

PLANTON CONTRA RAFAEL CORREA

FRENTE AL CONSULADO ECUATORIANO DE QUEENS
JUEVES 8 DE MARZO, 3:00 DE LA TARDE A 6:00 PM
ROOSEVELT AVE. Y CALLE 69. PARADA TREN 7

ECUATORIANOS:
VAMOS A RESCATAR A LA PATRIA
LA ACTITUD DICTATORIAL DEL PRESIDENTE CORREA DEBE TERMINAR

DEMOSTREMOS EL RECHAZO

A LA PREPOTENCIA
A LA INTOLERENCIA
A LA CORRUPCION ADMINISTRATIVA
AL INSULTO
A LA INSEGURIDAD
A FALTA DE LIBERTAD DE EXPRESION
A LOS JUICIOS AMAÑADOS CONTRA EL UNIVERSO Y
LOS PERIODISTAS
A LA LEYES DE AGUA Y MINERIA
A LA CRIMINALIZACION DE LAS PROTESTAS
A LAS REFORMAS AL CODIGO DE LA DEMOCRACIA
TODO CIUDADNO RESPETUOSO DE LA LIBERTAD
DEBE DECIR PRESENTE

NO FALTES
POR UN ECUADOR LIBRE DE DICTADURAS

FRENTE DEMOCRATICO DE ECUATORIANOS EN EL EXTERIOR
Informes: Lenin Medina, Teléfono (347) 500-9354 o Correo Electrónico E-Mail: Leninmedina10@hotmail.com

138

EL DIARIO

NUESTROS BARRIOS | P-5

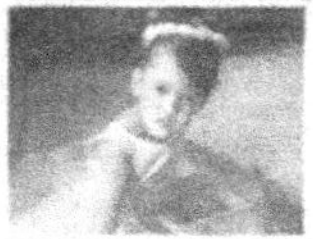

Cartelera Comunitaria

WWW.ELDIARIONY.COM EL CAMPEON DE LOS HISPANOS

LA PRENSA NUEVA YORK, SÁBADO 23 DE JULIO AÑO 2011 50¢

PIDO LA PALABRA

Rafael Correa Delgado: dictadura y corrupción

LENIN MEDINA

El Ecuador se encuentra atravesando una situación caótica en todos los niveles por culpa del actual desgobierno del economista Correa Delgado. Las promesas de campaña aún son esperadas por el pueblo.

El cambio prometido de un nuevo país para todos los ecuatorianos -después de aproximadamente cinco años- no se lo mira por ningún lado. Al contrario, en lugar de trabajo vemos dádivas "bonos"; por educación nos dan represión "Ley de Educación", a cambio de libertad tenemos cárceles "juicios con indemnizaciones millonarias".

Están matando de hambre y enfermedades a la mayoría del pueblo. Esto es genocidio. La Constitución denominada por Alianza País como la obra "histórica de la revolución ciudadana", con las nefastas transitorias, es violada por Correa Delgado a cada instante. Las demás funciones del Estado Ecuatoriano: Legislativo, Judicial, Electoral y Poder Ciudadano están completamente en manos de Correa Delgado. La Asamblea Nacional no es autónoma e independiente del dictador corrupto en material legislativa y de fiscalización. Las obras públicas que se realizan son con sobreprecios y contratos de emergencia -a "dedo"- como los del hermano Fabricio.

En resumen, Rafael Correa Delgado es un dictador y un corrupto. Dictador porque ha violado la Constitución y está conculcando las libertades y derechos de los ecuatorianos. Y corrupto porque está saqueando el país y deja que roben su familia y su entorno. Nunca un dictador ha dejado el poder voluntariamente y menos con 25.000 millones de dólares y petróleo a más de 100 dólares el barril a su entera disposición.

Sus campañas desde que tomó el poder han sido ganadas con fraude. Allí están las falsas encuestas de Santiago Pérez y los más de 400 votos en las Juntas Electorales -mesas- de la Provincia del Guayas. El pueblo tiene que echarlo de la presidencia y mandarlo a la cárcel junto con sus secuaces.

El país necesita el cambio, la revolución social. El actual gobierno llegó al poder ofreciendo ese cambio y no lo ha cumplido. El pueblo debe continuar la lucha por el cambio de las estructuras obsoletas que no permiten el desarrollo económico y la justicia social. Pero un cambio respetando al ser humano y su libertad, y además proporcionándole las oportunidades de trabajo, educación de calidad, salud, viviendas, seguridad, etc. Un cambio dirigido por el pueblo y sin mentores o guías, sin caudillos o líderes.

Correa no es socialista, peor revolucionario. El teórico del socialismo del siglo XXI, Heinz Dieterich ya lo dijo, que en el Ecuador actual no hay socialismo. Lo que se ha creado es un Capitalismo de Estado, donde él, su familia y el llamado entorno, se están enriqueciendo con los atracos que cometen.

No solamente ha metido mano a la justicia sino a las demás funciones del estado, especialmente a los fondos del erario nacional. Es un vulgar insultador.

El dictador Correa Delgado está gobernando con el apoyo de empresarios y banqueros que reciben contratos y subsidios del poder corrupto. El pueblo es quien directamente debe gobernar y no los intermediarios dizque a su nombre. ¡La lucha es larga comencemos ya!

LENIN MEDINA
es un ecuatoriano residente en Queens, NY.

Columnas para Pido la Palabra pueden ser sometidas a opinion@eldiariony.com, y no deben exceder las 450 palabras.

EL TIEMPO

El Semanario Nacional de los Hispanos

NUEVA YORK • NUEVA JERSEY • MIAMI   • EN NUEVA YORK

Año XXXIV 2da. Época No. 2043   Del 12 al 18 de Junio, 2008 • EN MIAMI 35¢

RAFAEL CORREA YA EMPEZO LA CAMPAÑA DEL SI POR EL REFERENDUM

Por: Lenin Medina

ECUADOR NEWS
10 Años

EL SEMANARIO DE LA COMUNIDAD ECUATORIANA EN EL EXTERIOR · FUNDADO EL 1° DE MARZO DE 1996 · WWW.ECUADORNEWS.N.Y

EDICION NACIONAL - NUEVA YORK · NUEVA JERSEY · CONNECTICUT · CHICAGO · MINNEAPOLIS · LOS ANGELES · MIAMI · TAMPA   N° 389 · DEL 21 AL 27 DE NOVIEMBRE 2006   50¢

Ni Noboa ni Correa

Por: Dr. Lenin Medina
Especial para Ecuador News

Prohibido olvidar!!!

Lista parcial de escándalos de corrupción dictadura Rafael Correa:

- Pativideos
- Ivanhoe
- Radares chinos
- Contratos millonarios Fabricio Correa
- Seguros Sucre
- Peculado en sabatinas y propaganda
- Narcovalija
- Narcoavionetas
- Caso Resurgir - Walker Vera
- Venta de Ingenio Ecudos

- Enrique Cadena y Petrochina
- Duzac
- Comercheques
- Pedro Delgado
- Camilo Samán
- Jorge Glas - transferencias China
- Quiebra del Pacific National Bank
- Ambulancias con sobreprecio
- Exportaciones falsas Venezuela - SUCRE
- Helicópteros DHRUV

- Carreteras de 18 millones / KM.
- Jorge Glas Viejó, sentenciado y LIBRE
- Chalecos y placas ANT - Ricardo Antón
- Vialmesa- hijo de Fernando Alvarado
- Corte Cervecera
- MC Squared
- Droga en hacienda La Clementina
- Atraco afiliados IESS
- Incautación fondos FCME

caretuco!!!

142

INDICE